KB270267

30代 여 자기답게 살아가라

화산문화

30代여
자기 답게
살아가라

류사키 시로 지음
윤 식 옮김

화산문화

샐러리맨 생활을 10년간 계속하다 보면 대부분의 사람들은 어떤 직위든 갖게 된다. 그렇게 되면 직책 수당은 붙지만 시간외 수당이 없어지기 때문에 월급봉투가 크게 늘어나는 것도 아니다. 그래도 새로 인쇄된 명함을 손에 넣으면 자기도 모르게 웃음이 나온다.

샐러리맨이라면 누구나 직위를 갖고 싶어하기 마련이다. 그런데 조직 내에서 상사라고 불리는 위치는 곁에서 보는 것처럼 그렇게 간단치만은 않다. 회사에서는 당연하다는 듯 눈코 뜰 사이 없이 업무 지시와 영업 할당량을 부여하고, 부하는 부하대로 상사가 생각하는 것만큼 그렇게 쉽게 움직여 주지 않는다.

업적이 순조롭게 신장될 때는 모르는 척하고 있다가 뭔가 트러블이 생기면 반드시 발목을 잡는다. 우편함이 빨간 색인 것도, 전봇대가 높은 것도 모두 상사 탓으로 돌린다. 누구보다도 빨리 출근하여 회의 서류를 검토하고 늦게까지 남아 판매전략을 짠다. 때로는 부하를 불러내어 한턱 내고, 일요일에는 상사와 함께 거래처와 골프를 치러 간다. 24시간 혹사당하다가 회사 형편대로 오른쪽으로 왼쪽으로 옮겨지고, 정신이 들었을 때는 몸도 마음도 기진맥진되어 있다. 정말 이런 짓은 아무나 하는 것이 아니다.

그렇다고 조금이라도 방심하면 갑자기 경쟁자에 의해 밀려 나게 된다. 직위에 걸맞는 결과를 내지 못하면 언제 어디로 밀려 나도 할말이 없다. 4,50대가 되어 회사에서 쫓겨 나는 것이 싫다면 30대부터 배짱을 가지고 상사로서 요구되는 자질과 업무능력을 자기나름대로 갖추어 살아가지 않으면 안 된다.

어느 회사에서나 과장이나 부장 등 비즈니스 현장의 리더들이 최고 경영진과 사원 한 사람 한 사람의 중간에 서서 회사라는 조직을 활성화시키고 성장시켜 나가는 원동력이 되고 있다. 이익을 올리고 코스트를 절감하기 위해서 부하에게 동기 부여를 하고 자극을 주려고 아침부터 저녁까지 이를 악물고 노력한다.

종신 고용이나 연공 서열이 약속된 시대라면 모르지만 회사를 둘러싼 환경이 놀라울 정도로 변해 가는 경쟁사회에서 자기 직분에 맞는, 또는 상사로서의 책임을 완수한다는 것은 쉬운 일이 아니다. 자기 자신의 능력을 최대한으로 발휘하는 것도 중요하지만 무엇보다도 가장 먼저 요구되는 것은 부하를 잘 다루는 것이다. 조직의 구성원 한 사람 한 사람의 능력과 가능성을 최대한으로 계발(啓發)해 내는 것이 더 중요한 것이다.

그렇게 말은 하지만 요즘 신세대들을 다룬다는 것이 그렇게 쉬운 일이 아니다. 일을 가르쳐 주려고 시켜도 끄떡도 하지 않기 때문이다. 상사가 부하 한 사람 한 사람과 정면으로 마주하여 진실로써 부딪쳐 나가지 않는다면 강한 신뢰 관계를 구축하는 것은 불가능하다. 부하들이 뜻을 같이하여 움직여 주지 않으면, 상사로서의 직위에 부여된 일에서도 주도권을 잡지 못한다.

이 책에서 나는 20년 이상 관리직에 종사한 경험을 살려 어떻게 하면 상사와 그 부하직원들이 의욕적으로 일을 하게 될 것인가를 중심으로 비즈니스 현장에서 리더로서 성공하는 기본 원칙을 여러 현장 경험자들의 이야기와 인간관계를 중심으로 기술하였다. 젊은 리더가 스트레스나 압박감에 눌리지 않고 자기답게 업무를 추진할 수 있는 비결을 가능한 한 구체적으로 알기 쉽게 썼다.

별로 중요하지도 않은 일에 고민하고, 생각한 대로 결과가 나오지 않는다고 안달복달하고, 여러 가지 복잡한 인간관계에 치이면서도 20년 넘게 실패와 성공의 반복을 통하여 샐러리맨 생활을 하면서 살아왔다.

거의 모든 독자는 나보다도 훨씬 우수하고 능력 있는 사람이라 믿는다. 단추를 조금 잘못 끼웠다고 정체되어 있거나 의기소침해 있는 사람도 있을지 모르지만 샐러리맨으로서 성공할 수 있는 가능성은 지금의 위기를 기회로, 시련을 용기로 극복할 수 있는 사람에게 무한대로 열려 있는 것이다. 이러한 한 사람 한 사람의 독자에게 어떤 힌트를 줄 수 있다면 나에게는 그 이상의 기쁨은 없을 것이다.

항상 용기를 갖고 도전하라! 그러면 열릴 것이다!

여러분의 30대가 여러분의 인생을 결정하게 될 것이다!

1996년 12월
류사키 시로

차 례 — *30대여 자기답게 살아가라*

제2장 프로 정신의 연마

제3장 역경을 기회로

제4장 회사에 꼭 필요한 사람이 되라

제5장 잘 나가는 상사의 성공법칙

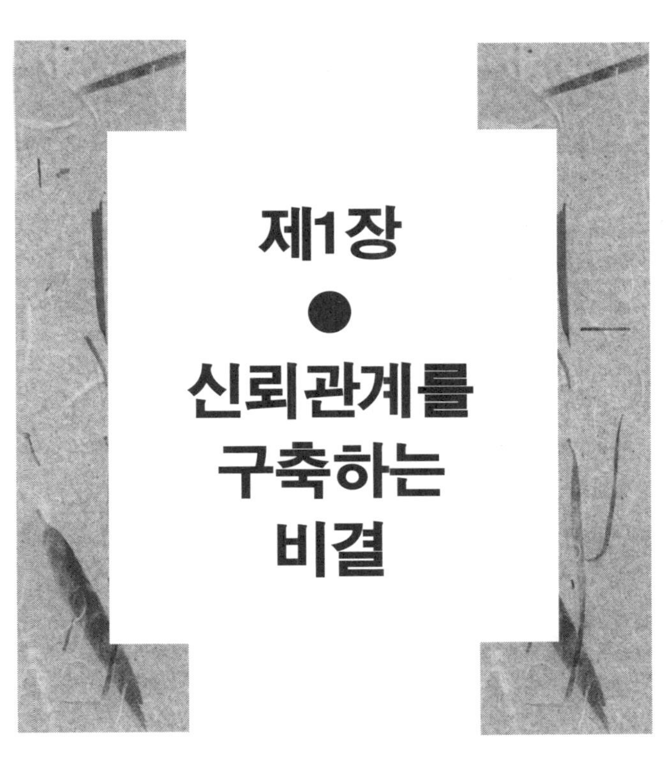
제1장

신뢰관계를
구축하는
비결

1. 대수롭지 않아도 직위는 직위…

상사는 정말 괴로워

새벽 출근과 밤늦게까지 야근을 밥먹듯 하며 매일 기진맥진할 때까지 일을 해도 생각대로 되지 않는 것이 비즈니스의 세계이다. 겨우 문제가 해결됐다 싶어 한숨을 돌리자마자 클레임 전화가 걸려 오기 일쑤다. 위에서는 내리 누르고 밑에서는 치고 올라오고, 중견 상사라는 직위는 그야말로 숨돌릴 틈이 없다.

상사라는 직위에서 가장 힘든 일은 일을 잘하는 부하든 못하는 부하든, 모두 통솔하고 그들을 돌보면서 주어진 일을 깔끔하게 처리해 나가지 않으면 안 된다는 것이다. 칭찬하고 꾸짖고 달래고 어르고 이것저것 다 해봐도 잘 풀리지 않을 때는 구제 불능이다. 그래도 어떻게든 문제의 해결책을 찾아내어 좋은 결과를 낳도록 해야 하는 것이다.

더구나 요즘의 신세대 부하는 한번 이야기해서는 안 되는 사람들투성이다. 주어진 업무의 반조차 해결하지 않고도 아무렇지 않은 얼굴을 하며 "내일부터 일주일간 휴가입니다" 하고는 일주일간의 유급 휴가를 신청하는 부하가 있는가 하면, 다음날 아침의 회의자료도 준비해 놓지 않고 퇴근시간이 되자 기다렸다는 듯이 퇴근 준비를 하는 부하도 있다. 이런 부하 덕분에 상사가 겪고 있는 심적 고생이 어느 정도인지 생각이나 하겠는가.

"자네 정말 일할 마음이 있는 건가?" 하고 묻고 싶을 때, "장난하는 건가?" 하고 소리 치고 싶을 때가 한두 번이 아닐 것이다. 가끔은 혼자서 팔짱을 끼고 살살 아프면서 찌릿해 오는 뱃속으로 화끈한 술이라도 몇 잔 들어부어야 속이 시원할 것 같다. 멀지 않아 '인내(忍耐)의 실'이 뚝 끊어지는 날이 올 것이다.

이렇게 속을 끓이고 있는 상사가 어디 한두 사람인가! 혼자서만 고통을 짊어진 듯한 얼굴을 하고 언제나 부하를 노려보고 있다. 수고하시는 줄은 알겠지만 그렇게 하고 있는다고 언제까지나 편안해지지 않는다. 일을 잘하는 부하든 잘못하는 부하든 상사가 잘 부리지 않으면 일에 도움이 되지 않기 때문이다.

부하와의 세대 차이를 알고 있는가

부하 쪽에서 보면 상사에 대한 불평 불만은 또 여러 가지가 있다. 아침부터 밤늦게까지 일에 몰두해도 상사는 부하를 잘 인정해 주지 않는다. 언제나 직위를 의식하여 어떻게든 부하를 누르려고 한다. 눈앞의 자기 이익과 출세만을 쫓아서 부하를 훌륭한 한 사람의 비즈니스맨으로 키워 주려는 생각이 전혀 없는 상사가 너구나 많다.

출근하여 퇴근할 때까지는 상사와 부하의 관계이지만 회사 밖에 나와서까지 이러쿵저러쿵 잔소리를 듣고 싶지 않은 것이 샐러리맨들이다. 정시에 퇴근해서 애인과 데이트를 하든, 유급 휴가를 얻어 제주도에 가서 골프를 치든 그것은 개인의 자유인 것이다. 회사의 업무규정이나 근로 기준법을 아무리 찾아보아도 그렇게 하면 안 된다는 구절은 없다.

요즘 시대에 멸사봉공(滅私奉公)을 강요해도 소용이 없다. 회사에서 정한 규칙이니까 일일이 상사에게 보고를 하지만 그 때마다 기분 나쁜 얼굴을 하는 것은 정말 싫은 것이다. 예를 들어 "제주도에 골프를 치러 갑니다"라고 솔직히 말하였을 때, "자넨 주어진 업무도 제대로 끝내지 않았는데 팔자 좋구만" 하고 말하는 경우를 들 수 있다.

싫은 소리 한 마디 안 하고는 결재를 할 수 없는 것인지…. 그러니까 상사에겐 아무 이야기도 하고 싶지 않다.

일이 잘 풀리지 않아 신경이 날카로운 것은 알지만 그런 것은 부하에게 떠넘길 일이 아니다. 직위를 가지고 책임과 권한이 주어져 있으니까 어려운 때일수록 스스로 문제를 해결하는 것이 상사의 본분인 것이다.

투덜투덜 불평을 하거나 버럭버럭 화를 낸다고 일이 잘 풀리는 것은 아니다.

명함에 적힌 직함이 웃겠다

이런 생각이 들어도 상사에게 섣불리 대들지 못하는 것이 샐러리맨이다. 거래처와 있었던 접대비를 정산하여 결재받을 때도 상사의 눈치를 살피면서 하게 된다. 상사가 미간을 찌푸리고 있을 때 잘못 이야기했다간 잔소리 듣기 십상이다. 분명히 자기 생각이 틀림없을 때라도 누가 옳은지 논쟁을 벌이면 상사에게 미움만 받게 되므로 항상 손해를 보는 것은 부하 쪽이다.

부하는 부하 나름대로 "상사를 내가 선택할 수 있는 것도 아니고…"라고 한탄하며, 상사는 상사대로 "제대로 일할 놈 하나 없다"고 푸념한다. 옆에서 보면 둘 다 피장파장이라는 생각이 들지만 본인들은 각자가 틀렸다고는 절대 생각하지 않는다. 마음속 어딘가에서 '상사면 다야!', '부하 주제에!' 하고 중얼거리면서 서로 등을 돌리고 있다는 것을 알지 못한다.

'샐러리맨의 세계는 수직관계이므로 아랫사람이 양보하는 것이 당연하다'는 식으로 생각하고 있으면 상사와 부하의 진정한 대화는 절대 이루어지지 않는다. 부하는 앞에서는 상사의 말에 따르고 아무렇지도 않게 굽신거리지만, 마음속까지 그렇게 하는 것은 절대 아니다. 힘으로 밀어붙이면 밀어붙일수록 마음은 점점 더 멀어져 가는 것이다.

상사와 부하는 서로 입장이 다르다. 가치관이나 사고방식도 다르다. 이런 것을 조금이라도 생각한다면 상사 쪽에서 먼저 말을

걸어보는 것이 중요하다. 가끔은 무릎을 좀 구부려서 부하와 눈
높이를 맞추는 것이다. 그렇게 할 수 있느냐 없느냐에 따라 인간
으르서의 폭과 그의 업무 능력이 결정된다. 이것은 부하와의 신
뢰 관계를 만들어 나가기 위해 한 발을 내딛는 일이기도 하다.

2. 일을 못하는 부하일수록 상사의 재산

■일을 못하는 데는 이유가 있다

상사가 되면 누구라도 일을 잘 처리하는 부하는 귀엽고, 일을 잘 못하는 부하에게는 정이 가지 않는 것이 인지상정이다. 한편 아무리 자세히 설명을 해도 일을 제대로 처리하지 못하는 부하는 언제나 상사의 발목을 잡는다. 전체 부하직원의 힘을 하나로 합쳐 밀고 나가고자 하는 상사의 눈에는 일을 못하는 부하란 아무런 쓸모도 없는 짐짝처럼 느껴질 것이다.

몇 번 주의를 주어도 초보적인 부주의나 실수를 반복하여 열심히 일하고는 있지만 언제나 결과는 좋지 않다. 이러한 부하는 어느 회사, 어느 부서에나 한두 사람쯤은 있다. 다른 사원은 잘하는 일을 왠지 헤매고 있는 부하가 있다. 그러다 보면 상사의 잔소리도 하나둘씩 늘어나 나중에는 서로 얼굴을 쳐다보기도 싫어진다.

일을 못하는 부하라고 해서 처음부터 못했던 것은 아니다. 그도 엄연히 입사시험을 치르고 뽑힌 사람이다. 능력이 떨어질 리가 없다. 상사와 궁합이 잘 안 맞거나 주어진 일의 내용이 자기 적성에 맞지 않거나, 어디에선가 단추가 잘못 끼워져 슬럼프에 빠져 있는 것이다. 어떤 계기만 만들어 준다면 잘할 수 있는 기회는 얼마든지 있다. 적어도 한번쯤 이렇게 생각해 보아야 하지 않을까.

이렇게 말은 하지만 일을 못하는 부하를 잘할 수 있도록 하는 것은 그리 쉬운 일이 아니다. 상사나 동료로부터 '일도 잘 못하는 놈'으로 낙인찍힌 것을 누구보다도 본인이 잘 알고 있다. 어떻게든 해보려고 쩔쩔매다가 더욱 일을 그르치거나 포기하거나 모르는 사이에 '못하겠다'는 생각이 머리에 박히기도 한다.

그래도 본인이 잘해 보려는 의욕이 있는 사람은 괜찮다. 스스로가 '일을 잘 못하는 놈'으로 정해 놓고 좁은 껍질 속에 갇혀 버린다면 웬만해서는 헤쳐 나올 수 없다. 그러다가 끝내 주위와의 커뮤니케이션도 단절되어 회사를 그만둘 것인가 말 것인가로 고민하게 된다. 그렇게 되면 샐러리맨으로서는 끝장이다.

■동기를 부여하여 자극하면 부하는 움직인다

일을 잘 못하는 부하를 자극하려고 엄한 질책을 하려는 상사가 있다. 그러나 이것은 오히려 역효과를 낸다. 상사로부터 와장창 깨지고 나서 그것을 계기로 성장을 할 수 있는 부하란 100명 중 한 사람도 없을 것이다. 대부분의 부하는 어깨를 감싸면서 잘해 보라는 격려의 말을 듣고 다시 한번 해볼 마음이 드는 것이다.

자기 자신의 일을 생각해 봐도 "이런 식으로 하면 관리직으로서는 실격이야! 멍청하게 넋 놓고 있으면 자네 자리를 없앨 수도 있어"라는 식의 말을 듣는 것과, "자네에게 기대를 걸고 있다네. 지금까지는 결과가 좋지 않았지만 지금이 고비야. 반드시 잘할 수 있을 걸로 모두 믿고 있으니까 이를 악물고 한번 해봐"라는 격려의 말을 듣는 것 중 어느 쪽이 힘이 날 것인가를 한번 생각해 보라.

칭찬을 듣거나 인정을 받으면 점점 더 힘을 내려고 생각하고 질책을 당하거나 인정을 받지 못하면 점점 더 싫어지는 것이 사람의 마음이다. 이런 것은 상사나 부하나 마찬가지다. 더구나 항상 "넌 못해"라는 말을 듣고 있는 부하는 귀가 따갑도록 부정적인 말을 듣고 있는 것이다. 좀 심한 말을 접할 때마다 "또 시작이군" 하고 생각할 뿐이다.

일을 못하는 부하를 보고 있으면 매사가 걱정된다. 어디선가 실수하지 않을까 하고 상사 쪽이 불안하여 어찌할 바를 모르게 된다. 그런 마음은 잘 알겠지만 늘 끼고 있던 안경을 한번 벗어 봐야 한다. 그런 부하의 어디엔가는 그만이 지닌 반짝하고 빛나는 능력이 숨어 있을 것이다. 아무 것도 발견할 수 없었다면 아주 가볍게 술 한잔을 사도 좋을 것이다.

그럴 때는 일 이야기는 일체 하지 않는다. 부하의 자랑거리나 그가 좋아하는 운동 이야기 등 가만히 들어 주는 것이 중요하다. 말하는 방식이 좀 거슬려도 중도에 쓸데없이 입을 열지 않는 것이 좋다. 만약 자기의 이야기를 하고 싶을 때는 거래처를 잃어서 상사에게 혼쭐났던 이야기나 바람 피운 것이 들통 나서 부인에게 백배 사죄한 이야기 등 실수한 이야기를 하는 것이 좋다.

요컨대 상사와 부하와의 마음의 거리를 좁히는 것이 중요하다. 부하의 어깨가 처지기 시작하고 그러다 보면 본심이 슬슬 나오게 된다. 상사로서는 귀가 아플 때도 있을 것이다. 열받는 이야기도 있을 것이다. 그러나 거기서 감정적이 되면 모든 것이 끝이다. 부하는 지금까지보다 더 자신의 껍질에 갇혀서 상사와 눈을 마주치려고도 하지 않을 것이다.

부하의 말을 그대로 받아들여서 천천히 시간을 두고 정리해 본다. 가능하면 부하의 입장에 서서 상사로서 무엇을 할 수 있을 것인지를 생각해 본다. 단 한 가지라도 장점이 발견되었다면 그 장점을 최대한으로 이끌어 내면 된다. 부하의 조언도 받아들여 그에게 자신감을 갖게 하는 것이 좋다. 나도 할 수 있다는 마음이 들게 하면 된다.

일을 못하는 부하와 정면으로 마주해서 잘하는 부분을 이끌어 낼 수 있다면 부하의 기분도 주위의 분위기도 달라진다. 지금까지 헤매던 동료가 조금씩 좋은 결과를 내기 시작하면 다른 동료들도 멍하게 앉아 있지 못하게 된다. '저 녀석도 저만큼 하는데' 하고 더욱 열심히 일할 것이 틀림없다.

3. 부하를 살리는 한 마디, 죽이는 한 마디

부하를 죽이는 데는 칼이 필요 없다

야구 시합에서 아무리 능란한 강타자라도 시합에 나갈 기회가 주어지지 않는다면 홈런을 칠 수 없다. 아무리 강속구의 에이스라도 등판 기회가 주어지지 않는다면 한 구의 스트라이크도 던질 수 없다. 아무리 실력 있는 선수라도 감독이 써 주지 않는다면 야구를 할 수 없다. 모처럼의 실력을 발휘할 수 없는 것이다.

매스컴이 아무리 호평을 하고 팬들이 많아도 선수를 쓸 것인지 말 것인지는 감독이 결정한다. 팀의 승리라는 대의명분을 내세운다면 당사자도 잠자코 따를 수밖에 없다. 구단의 오너가 감독을 해임하지 않는 한 프로야구 선수의 생살여탈권은 감독이 쥐고 있다. 감독이 '필요없다'고 판단하면 팀에 남을 수조차 없게 된다.

샐러리맨도 마찬가지다. 직속상사에게 미움을 받으면 일을 제대로 할 수 없게 된다. 보고서를 제출해도 조그마한 실수를 이유로 되돌려 보낸다. 아무리 훌륭한 계획서도 시기상조로 몰리게 된다. 인사이동의 계절이 되면 마음이 안정되지 않는다. 상사와 얼굴을 마주하는 매일이 바늘방석인 것이다.

프로 야구 선수라면 트레이드라는 회피방법도 있다. 다른 구단에 이적하는 순간 물을 만난 고기처럼 대활약하는 선수도 있다. 그러나 샐러리맨은 그리 간단하게 이적할 수 없다. 아무래도 회사를 옮길 것을 생각하면 지금까지의 실적을 모두 지우는 각오가 필요하다. 심각한 처지가 아니라면 그냥 머물러 있는 것이 상책이다.

그러니까 샐러리맨은 꾹 참게 마련이다. 상사로부터 사소한 잔소리를 들어도 멋적게 웃으면서 들어 넘긴다. 그것도 처자식과 월급 생각을 하며 머리까지 푹 숙인다. 자칫 잘못 말했다가는 철저히 무시된다. 그것이 부하에게는 가장 무섭다. 칭찬도 못 듣고 질책도 못 듣고 그러다가 무시당하는 존재로 전락되어 나중에는 회사에 남아 있지도 못하게 된다.

한번 내뱉은 말은 다시 주워담을 수 없다

상사가 오른쪽을 보라고 명령하면 부하는 잠자코 오른쪽을 본다. 상사가 재미없는 농담을 해도 부하는 억지로라도 웃음을 짓는다. 하지만 그런 경우에 정말로 부하가 '상사는 훌륭하다'라고 생각하는 것으로 착각해서는 안 된다. 또한 상사는 부하가 늘 같은 자리에 있을 것으로 여긴다. 마치 습관처럼 말이다. 그러나 부하 한 사람이 없어지면 자신의 일도 그만큼 없어지고 상사라고 불리는 일도 줄어든다.

부하의 키가 크다거나 작다거나 살이 쪘다거나 말랐다거나 하는 쓸데없는 말을 입에 담지 않는 것이 좋다. 출생지나 출신학교를 언급하는 것은 지나친 간섭이다. 업무와는 아무런 상관도 없는 일로 이러쿵저러쿵 말하지 않는 것이 좋다. 아무렇지도 않게 뱉은 말 한마디가 부하에게는 비수로 꽂히는 수가 있다.

부하가 일을 망쳤을 때도 다짜고짜 추궁을 해서는 안 된다. 부하 자신도 잘못을 뉘우치고 있는데, 계속해서 같은 말을 들으면 누구나 고치고 싶은 마음이 들지 않는다. 이런 때는 비록 상사의 말이 옳을지라도 감정적으로 반발심이 들게 된다. 입으로는 "네"라고 말해도 질책받고 있다는 생각이 머리속에 가득할 것이다.

더구나 상사가 감정적으로 된다면 부하도 무엇 때문에 야단을 맞는지 모르게 된다. "자넨 몇 번이나 같은 지적을 받고 있다"라든가, "자네 같은 바보는 본 적이 없다"는 등 부하의 기분을 엉망으로 만드는 말만이 단편적으로 머리 속에 들어올 뿐이다.

그런 방식의 조치를 주변의 다른 부하도 듣고 있다. 야단을 맞고 있는 부하뿐만 아니라 사무실 안의 분위기가 썰렁해진다. '아무리 실수를 했다고 해도 그렇게까지 말할 필요는 없잖아'라는 분위기가 돌기 시작하면 상사의 말 따위는 전달될 수가 없다. 아무리 훌륭한 말을 해도 어느 개가 짖고 있는 것처럼 들린다. 이런 상사의 밑에서는 열심히 일할 마음도 나지 않는다.

야단을 칠 때는 치더라도 어디까지나 냉정하게 사실만을 문제로 삼는다. 아무리 열을 받아도 상대에 대한 인신공격을 해서 상처를 입혀서는 안 된다. '좀 지나쳤나' 하는 생각이 들면 그날 밤은 함께 술에 취해 버리는 것이 좋다. 이렇게 매듭을 지으면 뚱해 있던 부하도 틀림없이 기운을 낼 것이다.

같은 말을 해도 상사가 부하를 어떻게 생각하는지는 말 속에 다 드러나게 마련이다. 아무래도 구제불능이라는 식으로 보고 있으면 그런 기분은 반드시 부하에게 전달된다. 자기 부하가 반드시 훌륭한 간부가 되어 주기를 바라는 마음을 지니고 야단을 치면 부하도 귀를 기울인다. 사람의 마음은 손끝으로 자유롭게 조정할 수 있는 것이 아니다.

부하를 살리는 것도 죽이는 것도 상사가 부하를 어떻게 보고 있느냐에 따라 결정된다. 구제불능이라고 생각하고 있으면 점점 더 어렵게만 되어진다. 반드시 잘할 것이라고 믿고 있으면 조금씩이나마 발전해 가게 된다.

엄하고 무서운 상사 노릇하는 것도 좋지만 부하를 너무 낮추보는 기분을 버리지 못하게 되면 하늘을 향해 침을 뱉는 것과 같다.

4. 막상 해 보면 어렵지 않다

■당신은 독불장군이 되어 있지는 않은가

　현장에서 열심히 일한 능력 있는 상사의 부하일수록 오히려 제 구실을 하는 한 비즈니스맨으로 성장하지 못한다. 상사의 경력으로 보아 지식이 풍부할 것이라는 생각이 들지만 오히려 확실한 결과를 내지 못하는 경우가 많다. 이것은 일에 자신이 있는 상사가 부하가 하는 일에 사사건건 간섭하는 경우가 많기 때문이다.

　프로야구의 세계에서도 '훌륭한 선수는 반드시 훌륭한 감독 밑에서 나오는 것은 아니다' 라는 말이 있다. 현역시대에 선수로서 스타였던 감독일수록 그라운드에서 좋은 결과를 내지 못하는 선수의 마음을 알지 못한다. '잘 던지면 타자가 치지 못하고 조금만 약하게 들어오면 기회를 놓치지 않는다' 는 것을 투수나 타자 모두 머리로는 알면서도 실제로는 그대로 잘 되지 않는다. 보다 못한 감독은 선수들을 닥달하고 손으로 사인을 열심히 보내면서 압력을 넣는다. 그런데 정작 믿었던 선수는 잘 치지도 못하고 잘 던지지도 못한다. 감독이 하는 말을 희미하게 알 뿐이다. 어떻게 치면 되는지, 어떻게 던지면 되는지 점점 더 어려워져만 간다.

감독 입장에서 보면 왜 못하는지 알 수가 없다. 과거 선수시절에 자기 팀을 몇 번이나 우승으로 이끌었던 자신이 이렇게 열심히 가르치고 있는데 선수는 여전히 헤매고 있다. 답답한 마음에 보도진이나 스태프에게 불만을 이야기하고 싶어진다. 이런 말들이 선수의 귀에 들어가면 선수 쪽은 더욱더 위축된다. 그래도 프로 야구의 세계는 감독이 마운드에 직접 올라서거나 배터박스에 들어오는 일은 없다. 아무리 성가신 말을 들어도 시합에서 활약하는 것은 선수다.

그러나 샐러리맨 세계에서는 혼자서 던지고 치고 달리고 게임을 결정해 버리는 상사가 있으며, 이것은 매우 위험한 일이다. 그런 상사 밑에 있는 부하에게는 기회조차 주어지지 않는 것이다.

혼자서 다 하면 부하는 왜 필요한가

언제까지나 부하를 한 사람의 실체로 인정하지 않고 혼자서 일을 다 같아서 처리하는 상사가 상당히 있다. 아침부터 저녁까지 정력적으로 움직이고 언제 잠을 자는지도 모르고 있다. 중요한 거래처와의 상담은 꼭 얼굴을 내밀고 전표 한 장의 작은 실수도 결코 용납하지 않는다. 비즈니스맨으로서 우수한 사람인 것은 인정되지만 상사로서는 숨막히는 사람이다.

혼자서 회사를 짊어지고 있는 마음으로 맹활약하고 있는 상사에게는 부하를 키워야 한다는 자각이 없다. 자기의 뒤를 따르면 누구나 일을 잘할 수 있게 될 것이라고만 생각한다.

그렇게 믿고 싶은 기분은 이해하지만 그것은 말도 안 되는 착각에 불과하다. 상사가 쌓아온 사회적 경험과 노하우는 전달되지 않고 위만 쳐다보고 있는 수동적인 사람이 될 것이 뻔한 일이기 때문이다. 상사가 정열적으로 움직이고 있는 동안은 잘 모르지만 이동이나 승진으로 그곳을 떠나게 되면 지금까지의 실적이 흔들리게 될 것은 틀림없다. 마치 개미떼가 달라붙은 것처럼 어떻게 손댈 수도 없게 된다. 스스로 움직이는 유능한 부하가 없는 관계로 누가 후임 상사가 되어도 그 부서는 잘 굴러가지 않는다. 이런 일은 사실 남의 일이 아니다.

열심히 일하고 있다고 생각하는 상사도 엄밀히 말하면 회사의 사정에 맞추어져 최전선을 떠나지 못하는 사람에 불과하다. 이런 사람은 냉정하게 들여다보면 언제까지나 현장을 끌고만 가는 사람으로밖에 보이지 않는다. 지금의 부하를 잘 부리지 못하는 상사에게 지금 이상의 부하가 따를 리 없다. '이 정도가 이 사람의 한계로구나' 하는 말을 들을 뿐이다.

아무리 일을 좋아하는 사람이라도 언제까지나 현역으로 일을 할 수 있는 것은 아니다. 시대나 상황이 변화하여 자신의 방식이 통하지 않게 되면 어디에 가도 소용이 없어진다. 아무리 실력이 있더라도 회사의 간판을 짊어지고 있지 않으면 그 실력은 제대로 인정받지 못한다. 그렇다고 뛰쳐나와 10년이나 연하인 부하들과 새롭게 경쟁을 하기에는 자신이 너무 초라하다.

일에 자신을 갖는 것은 대단히 중요한 사항임에 틀림없으나 상사와 부하는 경쟁하는 토대가 다르다. 아직 반 사람의 몫밖에 못하는 미숙한 부하라도 여섯 명이 모이면 세 사람분의 전력이 된다. 그 여섯 사람의 전력을 네 사람, 다섯 사람의 전력으로 끌어올려 나가는 것이 상사가 할 일이다. 언제까지나 자신의 부하를 잘 키우지 못하는 사람은 상사로서는 일을 잘 못하고 있다는 이야기가 된다.

그렇지만 부하에게 일을 가르치는 일이란 결코 쉬운 일이 아니다. 몇 번을 다그쳐도 같은 결과밖에 내지 못하는 부하에게 상사가 화를 내는 것은 당연하다. 회사의 목표를 어떻게든 달성하기 위해서는 '차라리 내가 하는 것이 낫다'는 마음이 이해가 간다. 하지만 이것을 참을 수 있느냐 없느냐 하는 것은 상사의 매우 중요한 덕목이다.

자신의 부하가 한 사람의 몫을 제대로 하지 못하면 상사로서의 장래도 회사의 미래도 없다는 각오로 인내하는 수밖에 없다. 1기나 2기의 목표가 달성되지 않더라도, 또 그 때문에 자신이 좌천될지라도 '이럴 때도 있는 것'이라는 마음으로 참아야 한다. 상사에게 이런 각오가 있다면 부하를 바라보는 자세도 달라진다.

5. 핑계는 누구나 듣기 싫다

■ 너무 폼 잡지 마세요

불경기가 되면 여기저기서 일제히 핑계의 대합창이 시작된다. 대단히 어려운 말로 설명하거나 전문용어 등을 다 동원하지만 결론은 '내 잘못이 아니다' 라는 말을 하고 싶은 것이다. 일이 잘 안 된 것은 '내가 잘못해서가 아니다' 라고 주위에 인식시키고 싶은 것이다.

이런 사람들은 실적이 오르지 않는 원인을 상품의 경쟁력이 약하거나 회사의 뒷받침이 없었기 때문이라고 말한다. 비용을 더 삭감하지 못한 이유는 거래처의 협력이 없거나 생산 라인이 정비되지 않았기 때문이라고 말한다. 내가 이렇게 열심히 하는데 좋은 결과가 나오지 않는 것은 주변의 상황에 문제가 있었기 때문이라고 생각하는 것이다.

마음속으로 '누가 해도 잘 안 되는 것은 마찬가지야' 라는 생각을 가지고 있기 때문에 회사에서 책임을 물어도 머리가 숙여지지 않는다. 여러 가지 이유를 대서 상대를 꺾으려고 한다. 아무리 변명을 해도 책임을 벗어나지 못하게 되면 이번에는 '변변치 않은 부하 탓'이라고 말한다. 절대로 마지막까지 자신이 잘못했다는 말을 하지 않는다.

그러면서도 부하 앞에서는 "이런 상황이므로 무리를 해봤자 아무 소용이 없다"고 말을 하면서 편하게 생각한다. 그렇다고 부하의 인기를 얻으려고 하는 것은 결코 아니다. 스스로가 해내지 못한 일을 부하가 열심히 해내서 자신의 판단이 부정되는 것이 싫을 뿐이다. 자신의 체면이 손상되는 것이 무엇보다도 거슬리는 것이다.

이런 상사가 가장 바라는 것은 자신이 상처받지 않는 장소에서 폼을 재는 것이다. 회사의 목표를 달성하는 것보다도 자신의 위치를 지키는 편이 훨씬 더 중요하다. 부하의 입장 같은 것을 감싸고 있으면 자신이 위험해진다. 모든 부하를 잘라내도 자기만은 다치지 않아야 된다고 생각한다.

"당신 말이야!"

이런 이야기를 하고 있으면 나하고는 상관없는 이야기라고 생각하는 사람이 의외로 많은 데 놀라게 된다. "당신 말이야, 당신!"이라고 말하고 싶어하는 사람일수록 자신의 일임을 자각하지 못한다. 이런 태평한 마음으로 있을 수 있는 것도 비빌 수 있는 언덕이 있다고 안심하고 있기 때문이다. 나 하나쯤 주어진 역할을

다 해내지 못해도 회사는 까딱 없다고 생각하고 있다.

하지만 이것은 어리석은 생각이다. 아무리 큰 회사라도 부도가 나지 않거나 도산하지 않는다는 법은 없다. 이익을 내지 못하거나 자금 융통이 막히면 100년의 역사를 지닌 회사라도 쉽게 무너지는 법이다. 회사가 없어지지 않아도 리스트럭처링이 시작되면 무사히 정년을 맞이할 수 있을지도 모르게 된다. 어떤 학자에 의하면 회사의 수명은 30년이라고 한다. 대학교를 졸업하고 입사한 회사라면 50대가 되었을 때는 어디에선가 흔들리게 되어 있다. 100년이고 200년이고 지속되는 회사를 만들고 싶다면 항상 창의력을 가지고 연구하고 새로운 인재를 받아들이지 않으면 안 된다. 당연한 말이지만 회사가 살아 남기 위해서는 항상 싸워야 하는 것이다. 싸워서 상대방을 이겨 내지 않으면 안 된다. 바로 비즈니스가 전쟁(Business is war)이기 때문이다.

스스로는 잘 극복했다고 생각해도 착각인 경우가 많다. 좋은 결과를 내지 못하고 핑계를 일삼으면 누구나가 듣기 싫다. 그러나 결론은 한마디로 좋은 결과를 내지 못하면 모든 것이 나쁘게 된다. 열심히 변명을 하면 할수록 점점 더 평가절하될 뿐이다. 무엇보다도 무서운 것은 그런 상사를 부하는 조만간 앞지르게 되어 있다는 것이다.

비즈니스라고 하는 것은 혼자서 결과를 낼 수 있는 것이 아니다. 여러 사람이 관련되어서 가까스로 결과가 나오는 것이다. 잘 되면 좋지만 당연히 잘 되지 않을 때도 있다. 누군가가 분명한 책임을 지지 않으면 안될 때가 있다. 다른 사람에게 책임을 전가해서 모르는 척한다고 해결될 문제가 아니다.

이럴 때일수록 상사의 진가가 보이는 것이다. 평소에는 그럴 듯하게 말하다가도 여차하면 도망 가는 사람은 부하들로부터 빈축을 살 뿐이다. 그리하여 부하는 상사의 감언이설에 속으면 나중에 울 일밖에 없다고 생각하게 된다.

한두 번쯤 실패는 누구에게도 다 있게 마련이 아닌가. 안 되는 것은 안 되는 것으로 인정하면 어떤가.

어떤 세계에도 이기고 지는 것이 반복되게 마련이고 최후에는 한 사람의 승자만이 남는다. 최후에 이길 수 있는 사람은 졌을 때의 태도가 깨끗하다. 왜 졌는지를 정면으로 바라보기 때문에 어떻게 하면 이길 수 있는지도 알게 된다.

변명을 한다는 것은 자신의 패배를 인정하지 않는다는 것이다. 언제나 자신만이 올바르고 다른 사람들은 모두 틀렸다고 큰 소리로 말하고 있는 것이다. 상처받거나 책임 지는 것에서 도망 가기만 한다면 언제부터인가 변명을 늘어놓고 있는 자신을 깨닫지 못하게 된다. 패배를 패배로 인정하지 않으니까 이길 수 있는 기회나 가능성도 생기지 않는 것이다.

6. 부하가 알아들을 수 있는 말로 이야기하자

■ 요즘 신세대들과는 얘기가 안 통해

회사라는 조직에서는 10대의 신입사원에서 70대의 간부나 고문까지 그야말로 반세기 이상의 연령차가 있는 남녀가, 각자의 명예와 가치관을 소중히 여기면서 일하고 있다. 태어나서 자란 환경이나 사고방식이 다르고 동년배라도 쉽게 이해할 수 있는 것이 아니므로 세대가 다른 상사와 부하가 서로 잘 이해가 가지 않는 것은 당연하다.

말투 하나를 봐도 요즘 신세대들은 눈살 찌푸려지는 일이 너무 많다. 그러나 젊은이들이 언어순화가 안 되어 있다고는 하지만 스스로도 그리 훌륭한 말을 사용하고 있다고 생각되지는 않는다. 나보다 선배에게 물어보면 "자네가 더 세상물정 모르고 있다"는 이야기를 듣게 된다. 한 마디로 너무 잘난 척을 해서는 안 된다.

10년이면 강산도 변하고 언어가 달라진다. 젊은 사람들은 한자나 고사성어를 잘 모르지만 그래픽 문자나 컴퓨터 글씨체는 종횡무진으로 잘 이해한다. 이상한 유행어를 사용하여 만들어 내지만 생각해보면 당신이 신세대였을 때도 이상한 말투를 사용하지 않왔던가. 당시의 선배들도 눈살을 찌푸리지 않았는가.

패션이나 유행도 마찬가지다. 자기도 젊었을 때는 그 당시로서는 보기 싫을 정도로 머리를 기른 경험이 있으면서 '남자가 귀를 뚫었다' 든지 '처녀가 배꼽을 내놓고 다닌다' 는 말을 한다.

자신의 일과 상관없는 일에 쓸데없이 간섭하지 않는 것이 좋다. 적어도 그런 모습으로 회사에 나오는 것은 아니니까.

부하직원들과 같이 노래방에 가서 전통가요를 부르지 않는다고 해서 우리나라 사람들의 정서를 모른다는 말을 하지 말라. 신세대 가수들을 모르면 21세기를 이야기하지 말라는 바보 같은 말을 하는 젊은 사람은 아무도 없다. 만약 이런 말을 듣게 된다면 자신도 '무슨 소리를 하는 건가' 라고 반발하게 되어 있다.

■■마음이 담긴 말로 전달하지 않으면 의미가 없다

그렇다고 해서 젊은 세대를 무리하게 이해하려고 할 필요는 없다. 갑자기 아는 척을 하고 랩을 부른다고 해도 어울리지 않는다. 젊은 사람들이 봐도 괴상하게 보일 것이 뻔하다. 20대는 20대대로, 50대는 50대대로 각각의 장점이 있다. 억지로 키를 높일 필요도 낮출 필요도 없다. 서로의 세대의 가치관을 인정하기만 하면 충분하다.

부하들도 자신들이 미숙하다는 정도는 잘 알고 있다. 사회인의 상식이 학생 때와는 다르다는 것도 알고 있다. 모자라는 점이 있으면 조금씩이라도 고쳐 나가고자 하고 있다. 실적도 경험도 있는 상사의 말을 부인하려고 하지는 않는다. 오히려 상사의 말을 어떻게 받아들여서 자기의 것으로 만들 것인가를 생각하고 있다.

그런데 상사 쪽에서 무리를 하면 잘 나가다가도 관계가 얽히게 된다. 부하의 이야기를 들으려고도 하지 않고 하고 싶은 말을 일방적으로 해버리고는 나가 버린다. 부하의 태도가 마음에 들지 않는 것인지, 부하를 우습게 여기고 있는 것인지…. 이렇게 하면 대화가 이루어지지 않는다.

상사의 입장이 되면 부하와 이야기하는 것이 의외로 어렵다는 것을 알게 된다. 바른 언행을 보여야 한다고 생각하기 때문에 어깨에 힘이 지나치게 많이 들어가서 스스로도 피곤해진다. '좀더 편하게'라고 말은 하지만 상사의 입장이 되면 그리 간단하지만은 않다. 알게 모르게 경직되고 명령형으로 끝맺게 된다. '이래서는 안 되겠다'는 생각도 가끔은 하지만 여간해서는 스타일이 바꾸어지지 않는다.

그러는 중에 부하에게서 거절당한다는 느낌이 들게 된다. 웃으면서 담소하고 있던 부하의 얼굴이 상사를 보는 순간 긴장된 표정으로 바뀌기 때문이다. 사실을 말하면 이것은 스스로가 만든 덫에 걸린 것이다. 그런데도 젊은 세대를 몹쓸 사람들로 여긴다. '일도 잘 못하는 주제에…' 등등 무시하는 마음이 생긴다.

만약 부하와의 커뮤니케이션에 자신이 없어지게 되면 눈 딱 감고 큰소리로 먼저 "안녕" 하고 인사를 해 보자. 특별한 용건이 없으면 그뿐이고 그 뒤로는 평상시대로 행동하면 된다. 매일 아침 인사를 하면 언젠가는 부하 쪽에서 먼저 인사를 하게 된다. 중요한 것은 그 때다. 자신의 일손을 멈추고 부하의 이야기를 잘 듣는 것이다.

'자신의 의견은 언제나 옳다' 는 식의 쓸데없는 생각은 하지 말고 부하의 이야기에 귀를 기울이는 것이다. 부하도 그런 마음을 안다. 단지 올바른 일처리 방법을 알고 싶다면 처음부터 매뉴얼을 펼쳐보면 그만이다. 부하가 원하는 것은 생생한 상사의 목소리인 것이다. 부하에게 성심 성의껏 자신을 보여주는 것이 중요하다.

부하에게 말이 전달되지 않는 것은 세대가 달라서가 아니다. 상사 쪽에서 전달하려고 하지를 않기 때문이다. 경험도 연대도 다르니까 서두르지 말고 천천히 전달하는 것이 중요하다. 한번에 전달되지 않는다면 두 번이고 세 번이고 전달해 보도록 한다. 그러면 점점 부하의 표정이나 복장, 생활태도까지 달라지게 될 것이다.

그것을 믿지 않는다면 너무 서글프지 않는가….

7. 이치에 맞게 이야기하고 정확히 구분지어라

`ON` 과 ‘OFF’의 구분을 잘하라

부하가 싫어하는 상사는 겉과 속이 다른 사람과 공과 사를 혼동하는 사람이다. 겉과 속이 다르다고 해서 산업 스파이처럼 회사를 배신하는 음모를 꾸민다는 식의 이야기가 아니다. 상대에 따라서 이야기가 이리저리 달라지는 상사는 부하가 보기에 도무지 신뢰할 수가 없다. 또 말이 이치에 맞지 않는 것이다.

공·사를 혼동하는 것도 마찬가지로 비즈니스 소설류에 나오는 악역처럼 자기 배를 채우기 위해서 뇌물을 받아먹는 사람만을 이야기하는 것은 아니다. 부하와 함께 대폿집에 가서도 처음부터 끝까지 회사와 일 이야기만을 하는 상사는 부하가 보기에는 너무나도 한심스럽게 보인다. 공·사의 구분이 안 되는 사람으로 보인다.

샐러리맨의 운명이라는 것은 바람이 부는 대로 변하는 것인가 보다. 일을 아무리 잘하는 사람이라도 회사 내외의 인간관계를 잘라 내면 프로의 샐러리맨으로서 살아 남을 수 없다. 산 사람의 코도 베어 가는 시대에 아침저녁으로 바뀌는 것은 당연한 일이다. 또 날마다 같은 이야기, 같은 얼굴로 살아 나간다면 도태될지도 모르는 일이다.

술좌석에서 일이야기를 하는 것도 부하의 입장에서는 듣기 싫지만 상사로서는 그만큼 열심히 일을 하고 있다는 증거다. 머리에 피도 안 마른 햇병아리 신참이 상사의 어려움을 어떻게 알겠는가. 아침부터 저녁까지 일 속에 파묻히고 그래도 모자라서 자기 돈을 들여 직원들에게 술을 사고 있는 것이다. 부하가 잘만 해준다면 상사도 일 애기는 접어두고 마음껏 취할 수 있을텐데….

이러한 상사의 변명도 틀린 말이라고 할 수는 없다. 부하가 기뻐하는 일만을 할 수 없다는 것도 일리가 있다. 그렇다고 부하에게 무시당한다는 것은 더욱 초라하다. 상사에게는 상사의 사정이 있다는 것 정도는 부하도 잘 알고 있다. 오페라 감독이 무대 뒤가 보이지 않게 'ON'과 'OFF'의 구분을 잘 연출해 주기를 바라듯이 상사의 마음을 분별하여 헤아려 주기를 바라는 것뿐이다.

자신에게 얼마나 엄격한가

아무리 납득할 수 없는 일이라도 해야 될 때가 있다. 몇 번이나 사표를 쓰고 찢기를 되풀이하며 밤을 지새는 일도 있다. 샐러리맨이라면 누구나 하고 싶은 말을 마음속에 꼭꼭 억누르고 이를 악물고 있을 것이다. 이치에 맞지 않고 도리에 안 맞는 일을 꾹꾹 참으면서 살아 나가고 있다.

그러면서도 한번 단맛을 알게 되면 주위가 전혀 보이지 않게 되는 것도 샐러리맨의 습성이다. 거래처로부터 접대 골프나 선물 또는 현금이 들어오면 주의를 하게 되는 것은 당연한 일이다. 상담 도중에 안내된 술집에서 여자 파트너로부터 갑자기 침대로 초대를 받으면 뭔가 수상하다고 생각하는 것이 보통일 것이다. 옆에서 보아도 위태위태하다.

그럴 때 처음에는 겁을 먹어도 두세 번 반복되면 판단력이 마비된다. 누구나 자신에 대하여 변명하는 것은 잘하니까 더욱 그럴싸한 대의명분을 발견하게 된다. 이치에 맞지도 않고 구분도 안될 뿐 아니라 점점 더 무디어져서 자각하지 못하게 되어 버린다. 따라서 사소한 대접이나 선물에 대하여 죄의식을 갖는 일은 더더욱 없어진다.

부하가 지각했을 때는 도깨비처럼 난리를 치는 상사라도 자신이 지각했을 때는 히죽히죽 웃고 넘기려고 한다. 부하가 청구한 전표는 구석구석 검토하는 상사가 공금을 물쓰듯 하며 거래처 사람들과 매일 술을 마신다. 담배 한 갑 사오라는 심부름을 시키기 위하여 부하의 일을 중단시키는 상사도 있다.

이것은 아무리 생각해도 이치에 맞지 않는 일로 부하는 상사에게 정이 떨어진다. ‘자기 자신에게 엄격하지 못하는 사람이 뭘 앞에서만 잔소리냐’ 하고 생각하면서 상사의 말을 듣는 시늉만

하게 된다. 상대가 상사이므로 그냥 꾹 참는 것뿐이다.

어제 한 말과 오늘 하는 말이 틀리고 오로지 일이야기만을 일삼아도 자기 자신에게 엄격한 태도를 취하는 상사의 말이라면 부하는 의외로 솔직하게 귀를 기울이게 된다. 부하가 무엇보다도 싫어하는 것은 자기 자신에게 말과 행동이 일관성이 없고 일의 구분을 짓지 않는 상사인 것이다. 그것을 이야기하게 되면 들통이 나니까 여러 가지 이유를 달고 있는 것이다.

이치에 맞고 구분을 짓기 위해서 중요한 것은 상사인 자기 자신에게도 엄격해야 한다는 것이다. 자기의 입장에 토를 달지 말고 부하를 하수인처럼 취급하지 않는 것이다. 자기의 의견만을 주장하지 않으며 부하의 의견을 인정하는 것이다. 이것은 상사에게는 그리 간단한 일은 아니다. 그러나 이러한 태도를 취하기 위해서는 기준이 필요하다.

상사니까 부하니까 하는 기준이 아니라 보다 높은 차원의 일을 하기 위해서 무엇이 필요한가 하는 것을 기준으로 사물을 보면 이치에 맞고 구분이 명확해진다. 해도 되는 것과 해서는 안 되는 것의 구분이 명확해지는 것이다. 자기 자신에게 엄격한 태도를 취하는 것이 당연해지면 애써 말하지 않아도 부하는 따라오게 되어 있다.

8. 부하를 키우는 신상필벌의 규칙 

자꾸만 신경이 쓰이는 다른 사람의 급여명세서

울고 웃는 생활 속에서 샐러리맨에게 가장 반가운 것은 뭐니뭐니해도 매월 돌아오는 월급날임에 틀림없다. 원천징수나 사회보험료를 빼고 카드대금, 주택자금을 은행에 넣고 나면 샐러리맨의 손에 들어오는 급여라는 것은 참새 눈물 같은 수준이다. 그래도 그 날은 하루종일 기분이 좋다.

거의 모든 회사의 급여는 은행으로 불입이 되므로 샐러리맨들은 급여명세서를 잘 살펴보게 된다. "이번 달은 잔업이 많았으니까 시간외 수당이 기대되는군"이라든지, "통근수당이 이렇게 많다니…" 등등 자기도 모르게 인상을 쓰면서 급여명세서를 보게 된다.

이럴 때 곁눈으로 슬쩍 다른 사람의 명세서를 보고 싶어진다. 샐러리맨이 신경 쓰는 것은 기본급 부분이다. 그 외의 수당은 모두 회사의 규정으로 계산된다. 부양가족이 많으면 가족수당이 많고 원거리 통근이라면 통근수당이 많아진다. 이런 것에는 아무도 관심이 없다.

그런데 기본급이 단 1,000원이라도 다르면 갑자기 눈이 커진다. 1,000원에 뭘 그러겠느냐고 말하는 사람은 샐러리맨 세계를 모르는 사람이다. 직위에는 변화가 없어도 다른 사람과 조금이라도 다른 대우를 받고 있다는 것을 의미하는 것이기 때문이다.

여기에 왜 1,000원의 차이가 생기는지 잘 모르면 고민하게 된다. 프로골프의 상금이라면 우승에 ○○만 원, 2위는 ○○만 원 등 누가 봐도 금세 알 수가 있다. 프로 야구 연봉도 자기가 구단과 직접 교섭할 수 있기 때문에 납득하고 도장을 찍을 수 있다. 그러나 샐러리맨의 세계는 다르다.

■■■평가의 기준을 분명하게 나타낸다

상사가 부하로부터 1,000원의 차이에 대한 이유를 질문받았을 때 어떻게 답할 것인지는 매우 중요한 문제다. 아무런 말을 않고 웃기만 해서는 부하의 의문이 풀리지 않는다. 부하의 사기도 저하시키는 것이 된다. '나라는 사람은 대접받지 못하고 있는 것일까?' 라는 생각이 들기 시작하면 상사와 부하의 커뮤니케이션은 이루어지지 않는다. 이렇게 되면 어떤 말도 전달되지 않게 된다.

그렇다고 인사평가 매뉴얼을 읽어도 애매한 표현만이 눈에 띌 뿐이다. 부하의 행동이 적극적인 것인지 소극적인 것인지, 신중한 것인지 가벼운 것인지 등 어떻게 판단하면 되는지 고민하게 되는 경우가 많다. 회사에 따라서는 조정을 거듭하여 직속상사의 인사 평가가 잘 반영되지 않는 곳이 있는가 하면 평가 결과를 직속상사가 전혀 모르는 곳도 있다.

여러 가지 어려운 점은 있겠지만 그래도 상사로서의 가치 기준을 부하에게 잘 설명해 두는 것이 중요하다. 사람을 평가하는 것이 아니고 일을 평가한다는 측면에서 회사에서 무엇을 필요로 하는 것인지를 잘 일러두어야 한다. 부하 한 사람 한 사람에게 충분한 시간을 가지고 납득할 때까지 이야기하는 것이 중요하다.

높이 평가된 부하라면 상사의 말을 솔직하게 듣는 경우도 있지만, 평균점 밑으로 평가받은 부하인 경우 매우 불쾌할 것이다. 평가결과에 감정적으로 반발하거나 회사의 평가기준에 불만을 품는 경우도 많다. 이럴 때일수록 냉정하고 빈틈 없는 자세를 보여야 한다. 부하의 눈을 피하지 말고 똑바로 쳐다보면서 이야기해야 한다.

부하 쪽도 마음속 깊은 곳에서는 이해하고 있으며 자기가 회사를 위해 해온 것이므로 자기 자신만은 알고 있다. 그래도 자기에 대한 평가는 누구나 너그러워지기 때문에 생각한 것보다 엄격한 평가를 받게 되면 자기도 모르게 볼멘 소리가 나오게 되는 것이다. 이런 부하의 태도에 놀라서 우왕좌왕할 필요는 없다.

어떤 점이 좋은 평가를 받았고, 어떤 점이 마이너스인지를 구체적인 사실을 들면서 명확히 하면 된다. 평가의 포인트를 철저하게 지적하면서 무엇을 목표로 삼으면 되는가를 부하에게 납득시키는 것이 중요하다.

잊어서는 안 되는 것은 어떤 평가를 내려도 부하의 가능성을 충분히 인정해 주어야 한다는 점이다. 그리고 부하의 모티베이션을 소중히 키워 나가는 것이다.

상사의 업무처리에 대한 가치기준을 전해야 하는 것은 인사평가의 면담만을 말하는 것이 아니다. 아침인사를 하지 않거나 불과 5분의 지각을 속이려고 했다거나 사소한 부주의를 반복하였을 때 얼마만큼 확실하게 주의를 주느냐가 사소한 일인 것 같지만 중요한 것이다. 작은 실수를 간과하면 점점 큰 실수로 이어지는 것도 자각하지 못하게 된다.

올바른 것을 올바르다고 칭찬하고 틀린 점을 틀리다고 말하는 것이 부하를 올바로 키우는 데 매우 중요한 관건의 하나다. 상사는 벌써 알고 있는 것이라도 부하는 지적을 받지 않으면 알지 못하는 경우가 많다. 두 번이고 세 번이고 전달되었다고 생각해도 오른쪽 귀로 듣고 왼쪽 귀로 흘리는 경우가 많다. 부하와 인내심 테스트를 한다는 생각으로 몇 번이고 반복해서 이야기해 주는 것이 중요하다.

9. 어떤 경쟁에도 이겨 내야…

■ 기(氣) 싸움에서 지면 끝

"힘내라, 힘내!" 하고 아무리 말해도 상사가 풀이 죽어 있으면 부하는 힘을 낼 수가 없다. 하루종일 뛰어다녀서 어떻게든 할당량을 달성하고 의기양양하게 회사에 돌아와 보고서를 작성해도 상사의 어깨가 축 늘어져 있으면 덩달아 기운이 빠진다. 상사가 힘이 없으면 부하 한 사람의 활력까지 순식간에 사라진다.

그러나 상사에게 있어 고민은 끊일 날이 없다. 조금이라도 목표가 달성되지 않을 때는 회사로부터 엄격하게 책임을 추궁받는다. 부하가 빠진 트러블을 잘 극복해 나가야 한다. 경쟁사의 신제품 발표에도 희비가 교차되는 하루하루이기 때문이다. 스스로는 싱글벙글하려고 해도 언제부터인가 미간에 주름이 잡힌다.

어깨를 떨구고 생각에 잠긴 상사의 모습을 부하는 놓치지 않고 본다. 무슨 일이 있었다는 것을 직감하고 주위에서 수군거린다. 하던 일도 손에 잡히지 않고 불안한 마음이 점점 더 커진다. 아무 것도 아니라는 설명을 해도 상사가 풀이 죽어 있으면 부하는 그렇게 생각하지 않는다.

상사는 어떠한 경우의 어려움이라도 이겨내야 한다고 생각하기 때문이다. 회사가 납득할 만한 결과를 내기 위해서는 한 번이라도 져서는 안 된다고 생각하기 때문이다. 이런 생각이 지나치면 마이너스 면만이 눈에 띄게 된다. 이래서는 안 된다는 마음이 점점 더 강박관념처럼 생기는 것이다.

조금 냉정하게 생각해보면 이기고 지는 것의 반복이 일이라는 사실을 알게 될 것이다. 아무리 강한 프로야구 팀이라도 정규 리그의 모든 시합을 이기는 팀은 없다. 씨름판의 명선수들도 1년 내내 연승을 한 선수는 한 사람도 없다. 누구나 질 때가 있는 법이며, 실수 할 수도 있는 것이다. 중요한 것은 결과보다도 마음으로 지지 않는 것이다.

무엇을 위해 힘을 내는가

이기고 지는 일과의 연속에서 앞을 바라보고 도전을 계속하는 사람이 있는가 하면, 단 한번의 실패로 주저앉는 사람이 있다. 럭키 펀치로 케이오당해서 자신을 잃은 권투선수처럼 싸우는 것이 두려워진 사람이다. 자신의 실력을 필요 이상으로 과소평가해서 언제나 어디엔가 질려 있는 사람이다.

이런 상사의 부하가 되면 적극적인 일을 할 기회가 없다. 회사에서 정한 틀보다도 더욱 강한 틀로 묶어 조금이라도 그것을 벗어나면 철저하게 규제된다. 쓸데없는 일을 하나도 하지 않고 묵묵히 주어진 일만을 하라는 말을 듣는다. 그런 매일을 보내고 있으면 성장이라는 것은 기대할 수 없으며, 오직 상사가 다른 부서로 이동하기까지 참고 견뎌야 한다.

그런가 하면 몇 년이고 찬밥 신세로 아무리 밑바닥까지 내려가도 "목숨까지 뺏길 수는 없다"고 웃으며 답하는 사람도 있다. 목이 잘리는 듯한 위기를 몇 번 넘겼으므로 웬만한 일로는 놀라지도 않는다. 공격할 때는 공격하고 뺄 때는 빼고 언제나 싸울 자세를 무너뜨리지 않고 있다.

프로야구의 세계에서도 페넌트 레이스(pennant race)를 제패하는 팀은 연패를 몇 번 해도 싸울 기력을 잃지 않고 있다. 정말 강한 팀을 만드는 감독은 시즌 종료시기가 와서 순위가 확정되어도 선수들에게 틈을 주지 않는다. 팀에 대한 감독의 비전이 명확한 팀일수록 최후의 일각까지 싸워 나갈 수 있는 것이다.

감독이 정말 이기고 싶다고 생각하면 선수도 정말 이기고 싶다는 마음이 든다. 기회가 왔을 때 감독으로부터 "부탁한다!"는 말을 들은 타자는 필사적으로 공을 친다. 핀치의 순간에 '어떻게 좀 해봐라'는 듯이 감독이 바라보면 투수는 한구 한구에 온 신경을 집중한다. 그러나 만약 지게 되면 진 대로 그 게임에서 선수가 얻는 것도 많다.

샐러리맨도 마찬가지다. 상사가 일에 대한 자세를 확실히 하고 이겨 내겠다는 정신력을 지니고 있으면 대개의 부하는 일에 전력

투구한다. 생각한 결과가 나오지 않으면 상사로부터 무슨 소리를 듣기 전에 실패의 원인을 찾으려고 한다. 목표가 달성되기까지는 몇 번이고 도전을 반복한다. 상사가 싸울 자세를 무너뜨리지 않는 한 부하도 계속해서 싸워 나갈 것이다.

싸우는 것에 지쳐 버리면 왜 싸우는 것인지 스스로 자문해 보는 것이 중요하다. 보다 차원 높은 일을 하는 것이 처음 직위가 주어졌을 때 생각한 것이 아니었는가. 목전의 결과에 얽매이기 위해 고생하고 있는 것은 아니지 않는가. 지금 당장 이기지 못해도 내일 이기면 된다. 인생은 마라톤과 같은 것이다. 끝까지 인내하면서 극복해 가면 된다.

힘에 부쳐서 지는 경우도 있지만 적당히 해도 이기는 경우가 있다. 어떤 승리를 하든 간에 마음을 굳게 먹고 부딪치지 않으면 기회를 잡을 수 없다. 하물며 샐러리맨은 혼자서 싸우고 있는 것이 아니다. 부하라는 파트너와 함께 싸우고 있다는 것을 잊지 않아야 할 것이다.

10. 어려울 때 부하가 나를 의지하는가

■ 신뢰하면 신뢰받는다

상사라는 타이틀은 부하에 따라 성공도 하고 실패도 한다. 아무리 혼자서 열심히 해도 부하가 움직여주지 않으면 상사의 일은 시작되지 않는다. 부하 한 사람 한 사람의 힘을 잘 뭉치게 하여 팀으로서의 힘을 발휘할 수 없으면 상사는 무용지물이다. 부하를 살리는 것도 죽이는 것도 상사에게 달려 있으며, 상사를 살리는 것도 죽이는 것도 부하에게 달려 있는 것이다.

한솥밥을 먹고 있는 한 상사와 부하는 한배에 탔다고 할 수 있다. 부하가 신통치 않으면 상사 혼자서 인정받는 일은 결코 없으며, 상사에게 리더십이 없으면 아무리 우수한 부하라도 기회가 주어지지 않는 법이다. 상사와 부하가 각각 이루어 내야 하는 역할을 자각하여 서로 인정하는 것이 중요하다.

말은 쉽게 하지만 부하 한 사람 한 사람을 보고 있으면 미덥지 못한 사람들투성이다. 보지도 듣지도 못한 부하의 트러블로 생각지 않은 시말서를 쓰거나 사내 남녀간 삼각관계의 뒤처리를 하거나, 실연당한 부하를 위로하기 위해 새벽까지 술을 마시거나 부하의 뒤처리를 하는 것만으로도 상사는 언제나 기진맥진해진다.

이런 수고를 하고 있으면 지긋지긋하다는 생각이 들지만 생각해보면 나도 같은 과정을 밟아 왔다. 아무것도 할 수 없는 후배였던 나를 상사나 선배가 믿어 주었기 때문에 한 사람의 역할을 하고 직위까지 갖게 된 것이 아닌가. 자신이 상사의 위치가 되면 이번에는 부하의 가능성을 믿어줄 차례다.

'목구멍을 넘기고 나면 뜨거움을 잊는다'는 말이 있는 것처럼 자기 자신에게 있었던 어려움은 쉽게 잊는다. 그러나 일의 경력이나 인생 경험이 있는 선배가 미숙한 나를 도와 주었기 때문에 위기를 넘기고 여기까지 온 것이다. 상사가 부하를 믿으면 부하도 상사를 믿는다는 것을 상사 자신이 가장 잘 알고 있을 것이다.

■ 어떤 상사가 신뢰를 받는가

부하를 믿는 것은 필요한 일이지만 그것만으로 신뢰받는 상사가 될 수는 없다. 부하의 입장에서 보면 상사에게 공적이거나 사적이거나 면담을 하는 것은 일대 결심일 수도 있다. 아무래도 상사는 어려운 상대이므로 괜히 면담을 신청했다가 일 못하는 놈으로 찍히면 아무리 발을 굴러도 소용이 없기 때문이다.

상사에게 보고해야 하는 업무 처리과정에서의 실수도 가능한 한 최후의 순간까지 참고 있다가 마지막에 보고하게 된다. 더구나 사적인 이야기를 한다는 것은 왠지 24시간을 상사에게 바치고 있다는 느낌을 갖게 한다. 이것저것 따지면 상사와의 면담은 정말 하고 싶지 않는 것이다.

이렇듯 부하는 나름대로 고민하고 있다는 것을 상사는 알아야 할 것이다.

이와 같은 부하의 마음의 벽을 허물기 위해서는 상사 쪽에서 먼저 부하 쪽으로 한 계단 내려 서지 않으면 안 된다. 부하가 언제나 생각하고 있는 것을 평소부터 잘 들어두어야 한다. 업무 이야기를 할 때 이외에는 직위를 일단 접어 두자. 감정적이 되어서 격해지거나 위에서 내려다보듯 이야기하지 않는 것이 상사와 부하의 벽을 허무는 첫째 조건이다.

중요한 것은 어떤 부하도 똑같이 대하는 것이다. 상사도 인간이기 때문에 마음에 드는 사람이 있고 들지 않는 사람이 있다. 그러나 그런 것을 드러내면 지극히 제한된 커뮤니케이션밖에 하지 못하게 된다. 건방지고 대하기 싫은 부하라도 똑바로 보아서 장점을 하나라도 발견할 필요가 있다.

하지만 부하 한 사람 한 사람의 입장을 생각하여 가능성을 이끌어낸다고 해서 신뢰를 얻는 것은 아니다. 상사와 부하가 종적 관계가 아닌 횡적 관계가 되면 충분하다. 그러나 불행인지 다행인지 상사와 부하는 종적인 관계다. 부하와의 벽을 허물기 위하여 상사가 얼마만큼 힘을 쏟을지가 신뢰관계를 만드는 데 중요한 역할을 한다.

요컨대 부하는 나름대로 상사를 평가하고 있는 것이다. 사내 인간관계에서 얼마만큼 발언권이 있는지, 업계나 거래처의 교섭에 얼마만큼 설득력이 있는지 등 하나하나의 능력을 냉정하게 관찰하고 있다. 아무리 좋은 사람이라도 문제를 해결하는 힘이 없는 상사라고 판단하면 부하는 상담을 걸어오지 않는다.

그렇다고 화를 내서는 안 된다. 회사가 부여한 직위에는 권한과 책임, 그리고 한계가 언제나 있다. 구체적인 현장에서의 일을 모두 알아야 하는 것은 아니지만 일의 흐름 정도는 알고 있어야만 부하에게 뭔가 이야기해 줄 수 있을 것이 아닌가. 그렇지 않으면 부하와의 상담이 상사에게는 오히려 고문이 될 것이다.

부하를 한 사람의 인력으로 키워 나가기 위해서도 상사는 자기 스스로를 언제나 성장시켜 나가는 것이 중요하다. 아무리 눈부신 업적을 이루어 왔어도 그것만으로는 부하의 모티베이션을 자극할 수 없다. 프로페셔널의 리더로서 부하를 납득시킬 만한 실력을 계속해서 보여 주지 않으면 강한 신뢰관계를 구축해 나갈 수 없다.

●비즈니스 리더의 필독도서

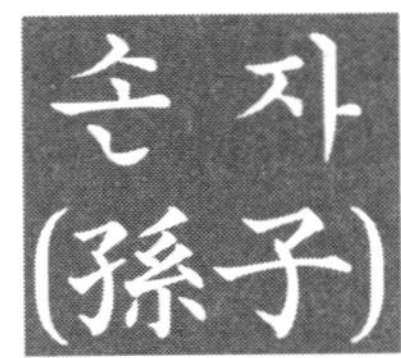

《손자(孫子)》는 중국 전국시대의 병법가인 손자(孫子)가 쓴 병법서로 알려져 있다.

손자는 약 2,500년 전 중국 동북부에서 살았으며, 이는 중국의 유명한 철학자인 공자와 거의 비슷한 시기다. 손자뿐만 아니라 그의 부친도 전장에서 수많은 승리를 거두었기 때문에 이들 부자는 군사전략의 전문가로 간주되었다.

손자가 실제로 자신의 사상을 기록해 두었다는 직접적 증거는 없지만, 그가 사망한 지 약 100년이 지난 후 중국의 위대한 장군인 조조는 손자의 병법서에 조심스럽게 주석을 달았다. 손자의 병법을 이용하여 조조가 전쟁에서 거둔 압도적인 승리(조조는 결국 중국 전체를 통일했음)는 그 후 이 책에 대한 커다란 관심을 불러일으켰다. 시간이 갈수록 여러 군사 지도자들은 이 손자의 원칙들을 이용하여 전쟁에서 승리를 거두게 되었다.

그 중에서도 아주 최근의 예가 바로 모택동의 경우이다. 뿐만 아니라 이 책자에 들어 있는 지혜는 비즈니스와 정치 상황에도 적용되기 때문에, 이제는 특히 아시아를 비롯한 전 세계의 지도자들이 손자에 대해 연구하고 그 원칙을 활용하고 있다.

전쟁이란 인류의 역사에서 상당히 흔한 사건에 속한다. 살아 남아야 한다는 목적 때문에 전쟁에 대해 신중한 연구가 계속되었다. 전쟁에서의 승리에 기여하는 요인들에 대해서는 아주 잘 알려져 있다. 전쟁에서의 승리 그리고 비즈니스에서의 승리 여부는 근본적으로 리더십에 달려 있다. 그 밖에 정보, 준비, 조직, 커뮤니케이션, 동기부여, 실행 등도 승리에 기여하는 요인들이지만, 이 요인들의 효과는 전적으로 리더십을 어떻게 발휘하느냐에 따라 좌우된다.

그 가운데에서 정보의 관리와 활용이 더욱 중요하다. 손자는 이렇게 강조한다.

"적의 사정을 알고 자기의 실력을 알면 백 번 싸워도 위태롭지 않으며, 적의 사정을 모르고 자기의 실력만 알면 한 번 이기고 한 번은 진다. 그러나 적의 사정도 모르고 자기의 실력도 모르면 싸울 때마다 위태롭다."

손자의 중심사상에 의하면, 전쟁이나 경쟁에서 이기기 위해서는 첫째, 가장 큰 경쟁적 장점을 가지고 있어야 하며, 둘째, 실수를 최대한 적게 해야 한다. 경쟁적 장점을 구성하는 요인들로는 탁월한 인격, 탁월한 위치, 탁월한 실행 그리고 혁신 등이 있다. 경쟁적 장점에 대해서는 비즈니스에 종사하는 대부분의 사람들이 이미 잘 이해하고 있다. 그러나 이것은 성공을 결정하는 요인은 아니다. 전쟁에서 싸워 이기는 것은 바로 사람들이다. 그리고 전쟁에서 가장 중요한 사람은 지휘관 바로 대장이다.

손자의 가르침에 의하면, 이상적인 대장은 전투를 시작하기도 전에 전쟁에서 이긴다. 여기에는 두 가지 방법이 있다. 첫째, 그는 끊임없이 자신의 인격을 도야한다. 둘째, 그는 결정적인 전략적 장점을 창조한다. 중국 철학에 따르면, 인격은 리더십의 기초이다. 탁월한 인격을 가진 사람은 탁월한 리더가 된다. 그러나 지휘관 즉 대장의 인격은 하룻밤 사이에 완성되거나 개발될 수는 없는 것이므로, 리더가 되고자 하는 사람은 오랜 시간을 두고 리더십의 특성들을 갈고 닦아야 한다. 유능한 대장은 자신의 조직을 패배할 수 없는 위치에 배치하여 놓고 적이 승리의 기회를 제공할 때까지 기다림으로써 결정적인 전략적 장점을 획득한다. 이 전략적 장점은 정보의 효과적 관리에 달려 있다.

또한 손자가 강조하기를, 일반적으로 군대를 이용하는 최선의 방법은 나라 전체를 정복하는 것이요, 나라를 파멸시키는 것은 차선이다. 군사를 제대로 쓸 줄 안 고대의 전사들은 적군을 패배시켰다. 그들은 적국을 제압하지만 무력을 사용하지는 않는다. 목표는 한 나라를 통째로 고스란히 얻는 것이다. 이런 식으로 하여 가장 지혜로운 대장은 병사를 죽이지 않았고 최대의 전리품을 얻었다. 그러므로 상대의 군대를 파멸시켜 전투에서 승리를 거두는 장군은 최후의 전사가 아니다. 최후의 전사는 전투를 벌이지 않고 적군이 굴복하게 하여 전쟁에서 승리를 거두는 사람이다.

최선의 군사전략은 배치를 잘하는 것이다. 그 다음엔 외교술을 동원하라. 그래도 안 되면 무력으로 위협을 가한다. 이 모든 일이 먹혀 들지 않을 때 비로소 적군을 공격하라.

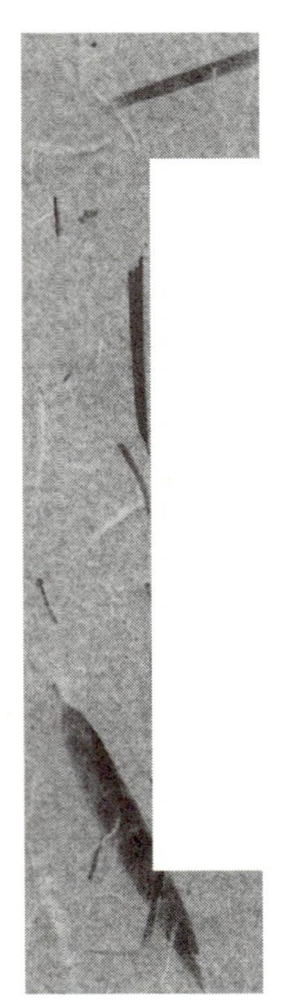
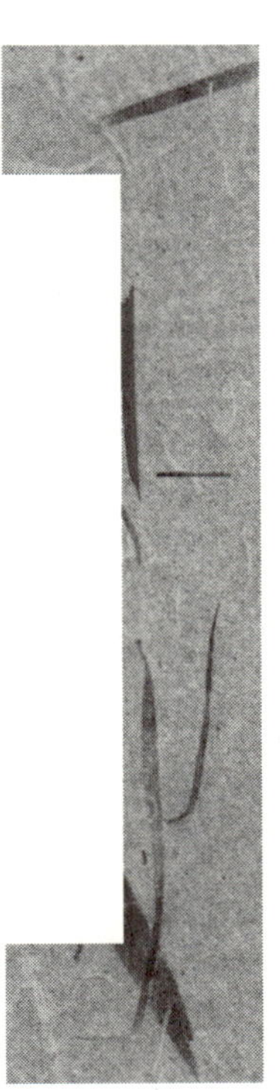

제2장

●

프로
정신의
연마

1. 일의 기본을 몸에 익혀라

당연한 일이 어렵다

프로가 되려는 사람은 아무래도 자기 업무와 관련된 최신정보를 모으거나 전문지식을 알기 위해 혈안이 되기 일쑤다.

회사 내에서의 경쟁자와 잡담하고 있을 때 모르는 새로운 단어가 귀에 들어오거나 하면 큰일이라도 난 것처럼 야단이다. 뒤처지는 듯한 불안감에 사로잡혀 안정을 찾지 못한다. 회사에서 시키는 것도 아닌데 자비를 들여 연수나 세미나에 참가하거나, 일에 도움이 되는지 안 되는지도 모르는 갖가지 시험에 도전하기도 한다. 곁에서 보면 딱할 정도다. 복잡한 일을 많이 알고 있을수록 뭔가 훌륭해진 기분이 들게 되는지도 모르겠다.

그런 사람일수록 거래처를 방문했을 때 인사 한 마디 만족스럽게 할 수 없거나 신세 진 상대에게 보낸 편지가 정성은 고사하고 악필에 오자투성이인 사람이 많다.

샐러리맨은 대학 교수가 아니므로 그렇게 공부를 해도 소용이 없다. 물론 지식이나 교양도 필요하지만 그런 것보다 훨씬 더 중요한 일이 있다. 예를 들면 아침 출근시에 상사의 인사가 외마디

짧은 소리밖에 없으면 부하도 슬금슬금 눈치를 보며 자리에 앉게 된다. 부하가 올린 보고서의 잘못을 지적하지 못하면 부하는 잘못된 채로 방치되어 언젠가 큰 실책을 하게 된다. 이러한 사소한 일들의 누적이 회사의 수준을 결정하는 것이다.

일을 잘하는 사람은 언제나 기본을 철저하게 지킨다. 프로 스포츠의 일류 선수가 유연성 체조나 달리기 등의 기초 훈련을 시간을 두고 반복하는 것과 마찬가지다. 누구나 할 수 있는 당연한 것을 몸에 잘 익혀두는 것이 프로가 되기 위한 제일보다. 그것을 착각하면 큰 상처를 입게 된다.

부하는 상사의 거울이라고 생각하자

회사라는 조직 내에서 부하는 상사의 뒤를 보면서 일을 배워간다. 상사가 오른쪽으로 가면 부하도 오른쪽으로 가는 것이 올바른 일이라고 생각하고, 상사가 왼쪽으로 가면 부하도 왼쪽으로 따라가는 것이 기본이다. 상사가 우왕좌왕하면 부하는 일을 제대로 배울 수 없다. 이것은 무서운 일이다.

부하의 일처리 중에 거슬리는 것이 있어 화를 내고 싶을 때는 먼저 가슴에 손을 대고 자기 자신의 일처리를 가만히 생각해 볼 일이다.

부하의 말투가 건방지다면 상사의 말투가 거칠다고 생각하면 된다. 부하가 보고를 잘 하지 않는다면 상사의 지시가 분명하지 않다고 생각하면 틀림없다.

자신의 일인 경우는 잘 모르지만 다른 부서의 상사와 부하를 바라보고 있으면 일처리나 사고방식이 서로 놀랄 정도로 닮아 있다는 것을 알 수 있다. '난 그래도 저렇지는 않다'고 말하고 싶은 기분은 알지만 정말 싫을 정도로 부하는 상사를 닮는다. 상사의 결점일수록 부하는 재빨리 흉내를 낸다.

특히 읽고 쓰고 이야기하는 등의 기본적인 것일수록 부하 자신도 모르는 사이에 상사의 모습이 되어 있는 경우가 많다. 그러므로 먼저 상사 자신이 기본으로 돌아가서 엄격하지 않으면 아무리 설교를 해도 부하의 몸에 밴 버릇을 고칠 수는 없다. 오히려 일상화된 버릇이 고쳐지는 쪽이 이상한 일이다.

회사에서 직위가 생기면 처음에 배운 기본 매뉴얼을 확인해 보자. 비즈니스의 기본 문서나 비즈니스 마스터의 상식을 철저하게 인식해 두는 것이 매우 중요하다. '이제 와서 기본이라니' 하고 뒷짐만 지고 있으면 부하도 점점 기본을 무시하게 되어 모두가 엉망이 된다. 그렇게 되면 끝장이다.

능력이 뛰어난 한두 사람의 부하만을 상대한다면 기본 같은 것은 익히지 않아도 될지 모른다. 상사에게 다소 문제가 있어도 그런 부하라면 알아서 잘해 나간다. 그러나 중요한 것은 그렇지 않은 부하의 능력을 어떻게 평균적으로 끌어올리는가가 문제다. 꾸준히 노력하고 있는 대부분의 부하들에게 올바르게, 또 전력을 다해서 가르쳐 주기 위해서다.

누구나 간단히 할 수 있는 일을 신입사원에게도 납득할 수 있도록 연마하여 구체적으로 설명해 보자. 그때그때의 말뿐만 아니라 평상시의 일처리나 태도에서도 잘 알게 하는 것이 중요하다. 상사가 정말로 알고 있지 않으면 일처리의 기본은 부하에게 잘 전달되지 않는다. 그렇게 되면 부하는 언제까지나 자기 몫을 제대로 해내지 못한다.

부하는 상사의 일거수 일투족을 항상 곁에서 지켜보고 있다. 어려운 일을 처리하는 것도 중요하지만 엉뚱한 곳에서 생각지 않은 망신을 당하지 않게 해야 한다. 부하가 담당한 거래처 사람들 앞에서 상사가 상식적인 것을 잘 모르거나 하면, 그 후에는 무슨 말을 해도 부하가 귀담아 듣지 않는다. 기초가 튼튼하지 않으면 아무리 고차원적인 지식을 쌓아도 금세 무너지게 되어 있다.

2. 잘 나가는 상사는 숫자에 강하다 

힘만으로는 통하지 않는다

부하와의 관계에서도, 부서별 조정에서도 각자의 변명을 하기 시작하면 서로 날카로워질 뿐 언제까지나 수습할 수가 없게 된다. 누구나 자기의 일에 강한 프라이드를 가지고 있으므로 어지간한 일로는 뒤로 물러서지 않는다. 상대가 말하는 변명에 일리가 있다고 생각을 해도 이제 와서 물러설 수 없다.

나는 새도 떨어뜨리는 힘이 있다면 힘으로 자기의 의견을 밀어붙일 수 있다. 주위에서 납득하지 않아도 자신의 페이스로 일을 척척 진행시킬 수 있다. 그러나 그런 상황이 언제까지나 이어지는 것은 아니다. 조금이라도 바람의 방향이 바뀌면 이번에는 내쪽에서 참아야 할 차례가 된다. 하고 싶은 말도 하지 못하고 아래를 쳐다보고 있을 수밖에 없다.

분명한 것은 회사 내에서의 힘의 관계란 상황에 따라 미묘하게 변해 간다는 것이다. 경쟁사의 동향이나 회사 내의 세력 지도의 변화에서도 누가 핵심을 쥐느냐는 달라질 수 있다. 어제까지 목에 힘을 주던 사람이 언제부터인가 어깨가 축 처지는 것은 비즈니스 세계에서 흔히 있는 일이다. 누구나가 순풍을 타려고 애를 쓰기 때문이다.

그러나 그런 것을 반복하고 있으면 목소리가 큰 사람의 의견만이 통하게 되어 인간관계는 껄끄러워진다. 불평불만이 넘치는 사람도 많아지고 긴 안목으로 보면 회사도 성장하지 않는다. 누군가의 의견이 통했다고 해도 주위를 그 나름대로 납득시켜서 모두가 목표를 달성해 가지 않으면 강한 조직이 생기지 않는다.

따라서 힘만으로 상대를 누르는 것이 아니라 상대에게 자신의 의견을 이해시키고 인식시키는 것이 중요하다. 서로 이해할 수 있는 규칙을 만들어 사실에 입각하여 설득하는 것이 중요하다. 그 때 누구나 납득할 수 있는 잣대가 회사의 경영수지의 기본 숫자다. 구체적인 숫자를 둘러싼 논의라면 탁상공론이 되는 일은 없다.

■숫자의 배경을 읽는다

그렇다고 회사의 숫자만을 바라보는 것만으로는 일의 핵심을 파악할 수 없다. 회사라는 조직의 목표가 이윤 추구라는 것을 바탕으로 매상과 경비의 균형을 잘 포착하면서 자금의 흐름을 놓치지 않도록 해야 한다. 경영의 삼대원칙이라고 하는 사람, 물건, 돈을 정확한 숫자로 이해하는 것이 중요하다.

가장 먼저 인식해야 하는 것은 회사의 재무상태를 나타내는 '대차대조표'와 회사의 이익을 보고하는 '손익계산서'의 두 가지 계산서류다. 회사의 자산은 얼마만큼 있는지, 은행에 얼마만큼 빚이 있는지, 매상은 얼마만큼 신장되어 경비가 얼마만큼 들었는지 등 회사 숫자의 기본을 잘 파악해 두는 것이다.

처음 본 사람은 알 수 없는 숫자들의 나열로 머리가 아파올 것이다. '감가상각', '대손충당금' 등과 같이 처음에는 쉽게 이해하기 어려운 용어와 복잡한 용어도 많이 나온다. 그러나 미리부터 질려서 달아나려고 하면 숫자에 강해질 수 없다. 이럴 때는 빨리 경영 입문서를 구하여 기본만이라도 잘 알아두어야 한다.

예를 들면 부하로부터 접대 청구서가 올라왔을 때 상사가 아무 생각 없이 도장을 찍을 수는 없다. 인정하는 것이라면 인정하는 만큼, 아니라면 아닌 만큼 상사로서의 판단 근거가 필요하다. 그때그때의 기분만으로 도장을 찍거나 찍지 않게 되면 부하가 무시해도 할 수 없는 것이다.

비용을 억제하는 것에만 역점을 두어 '이것도 안 된다, 저것도 안 된다'는 식으로 접대비를 전혀 인정하지 않으면 절호의 비즈니스 기회도 달아나 버린다. 그렇다고 해서 접대비를 물 쓰듯 하면 아무리 벌어도 밑 빠진 독에 물 붓기와 같다. 이러한 경우에 상사로서 적절히 균형을 잡아 주는 것이 중요한 것이다.

거래처마다의 매상고를 생각하여 얼마만큼 비용을 쓸 수 있는지를 계산하는 것은 기본 중의 기본이다. 거래약정이 상승곡선을 그리고 있는지, 하강곡선을 그리고 있는지에 따라 인정될 수 있는 접대비의 규모는 달라진다. 거래처가 시장에서 얼마만큼의 점유율을 차지하고 있는지도 놓쳐서는 안 되는 중요한 판단자료다.

그것만으로 도장을 찍는 것은 아직 이르다. 상대 회사가 접대에 기분 좋게 응했는지, 거래폭을 넓힐 것인지 등도 잘 확인해 두어야 한다. 우리 회사의 상황도 시시때때로 변한다. 그러므로 매뉴얼대로만 도장을 찍을 수는 없는 것이다. 사용한 돈만큼의 효과를 예측하는 것이 중요하다.

접대비 한 가지라도 그 숫자에는 여러 가지 배경이 숨어 있다. 각각의 비즈니스 현장에서의 땀과 눈물이 숫자로 결실되어 있다. 회사의 경영 방침에서 직속 상사의 성격까지 숫자로 비교하면 뭔가가 보일 것이다.

다양한 숫자의 배경을 읽고 잘 쓸 수 있게 되면 비즈니스의 핵심을 잡을 수 있다.

3. 컴퓨터를 모르면 웃음거리 

시작만 하면 아주 간단

과거에는 읽기, 쓰기, 주판을 잘하는 샐러리맨은 어디에 가도 자리를 잃지 않았다. 그러나 언제부터인가 컴퓨터가 보급된 이후로 너도 나도 컴퓨터를 모르면 하루를 넘길 수 없는 시대가 되었다. 멀티미디어와 인터넷 등이 여기저기서 난리를 친다.

전 사원에게 한 대씩의 컴퓨터를 배정하여 사내 문서를 일체 없애는 회사도 많다. 이제까지 단 한번도 키보드를 만진 적이 없는 중역이나 부장이 젊은 신입사원에게 머리를 숙여 가며 컴퓨터의 기본을 배우면서 악전고투를 하고 있다. 그런 이야기를 들으면 자신도 모르게 분한 생각이 든다. 컴퓨터를 모르면 나도 모르는 사이에 쫓겨나는 것인가?

비장한 각오로 보너스를 털어서 컴퓨터를 구입하여 놓아도 방 구석에서 먼지만 쌓일 뿐인 경우가 많다. 교재나 입문서를 훑어 보아도 도무지 알 수 없는 단어투성이어서 머리가 아프다. 왠지 잘못 만지면 망가질 것도 같다.

그렇다고 마음먹고 사온 컴퓨터를 안 쓸 수는 없다. 매뉴얼과

키보드를 번갈아 들여다보면서 겨우 두드려 워드프로세서로 주소록을 쳐본다. 휴일을 하루 종일 투자해도 할 수 있는 일은 겨우 이 정도다. 왠지 모르게 갑자기 피로해진다. 마침내는 하고 싶은 생각도 없어져 컴퓨터 오락이나 하는 정도로 그 사용이 끝난다.

그러나 여기까지 오면 누구나 컴퓨터를 자유 자재로 쓸 수 있다. 쓸 수 없다고 생각하는 것은 컴퓨터로 무엇을 하고 싶은지가 분명하지 않기 때문이다. 구체적인 목표가 보이기 시작하면 그것을 위한 소프트웨어를 잘 준비하여 몇 번이고 마우스나 키보드를 만질 수 있게 된다. 그렇게 되면 컴퓨터가 점점 손에 익게 된다.

비즈니스의 도구로서 구비하라

착각해서는 안 되는 것은 컴퓨터는 일의 목적이 아니고 도구에 불과하다는 것이다. 비즈니스 문서를 작성할 때 몇 번이고 초벌 작성을 하고 나서 깨끗하게 쓰는 것보다는 처음부터 워드프로세서라는 도구를 사용하는 것이 합리적이다. 완성된 비즈니스 문서를 영업소에 보낼 때도 우편보다 팩스를 이용하는 것이 합리적인 것처럼 컴퓨터도 마찬가지다. 워드프로세서 소프트웨어로 비즈니스 문서를 작성하여 전자우편으로 영업소의 컴퓨터로 송신하면 책상 앞에서 모든 작업이 끝난다. 소프트웨어라 불리는 다양한 도구를 종횡무진으로 사용해 나가면 시간을 단축할 수 있을 뿐만 아니라 정보를 얻는 것도 간단하다. 몇 가지 규칙을 기억하면 누구나 쉽게 쓸 수 있는 필수적인 비즈니스 도구인 것이다.

그러나 그런 것보다 컴퓨터는 편리하고 재미있는 도구라서 잘 빠지게 되는데 그것이 더욱 무섭다. 문자정보만으로도 충분한 데이터를 시각적으로 가공하기 시작하면 아무리 긴 시간이라도 모자라게 되는 것은 뻔한 일이다. 인터넷에 너무 열중해서 새벽까지 컴퓨터 앞을 떠나지 못하는 사람이 늘어난다고 한다.

상사가 컴퓨터를 알아야 하는 것도 부하가 컴퓨터로 일을 하고 있을 때 비용과 시간을 조절할 필요가 있기 때문이다. 예를 들어 열차보다 비행기 쪽이 빠르다고 해서 언제나 비행기를 타면 되는 것은 아니다. 일의 스케줄을 읽고 비용을 비교하여 판단하는 것이 당연하다. 단순히 열차와 비행기의 운임을 비교하는 것뿐만 아니라 역이나 공항까지의 교통비도 합산하여 비용을 산출하듯이, 컴퓨터를 어떻게 사용하면 될지 생각할 때도 일상적으로 활용할 수 있을 때까지의 기간을 포함하여 비용으로 계산하는 것이 중요하다. 투자한 비용만큼 합리화할 수 있는지 없는지가 상사로서의 판단이 필요한 점이다.

즉 전자계산기나 복사기를 사용하는 것처럼 컴퓨터를 사용하면 되는 것이다. 스스로에게 맡겨진 일의 흐름을 알게 되면 어떻게 사용하는 것이 효과적인 것인지도 분명해진다. 주위의 정보에 현혹되어서 모든 것을 컴퓨터로 처리하려고 하기 때문에 무거운

짐을 진 듯한 기분이 되는 것이다. 좀더 가볍게 생각하자.

이제부터의 컴퓨터는 더욱더 사용하기 편리해질 것이다. 데이터의 처리능력도 점점 빨라진다. 그렇게 될수록 일의 시스템 자체를 어떻게 취급하는지가 중요해진다. 컴퓨터가 일의 목적이 아니고 도구에 불과하다는 것을 생각하면 매우 당연한 결론이다. 컴퓨터를 다루지 못한다고 해서 겁에 질릴 필요는 없는 것이다.

'말은 타볼 필요가 있고 사람은 가까이해 볼 필요가 있다'는 말처럼 컴퓨터는 만져볼 필요가 있다. 화면의 메시지를 따라 몇 번 마우스를 움직이고 있는 중에 점차 컴퓨터의 재미를 알게 된다. 알게 되면 그것으로 충분하다. 컴퓨터의 전문가가 되는 것이 아니라 비즈니스의 도구로서 잘 활용하면 되는 것이다.

4. 자격은 정말로 무기가 되는가

스스로를 보호할 수 있는가

오랜 기간 동안 샐러리맨들이 믿어온 종신고용(life-employ) 시스템이 언제부터인가 무너지기 시작했다. 명예퇴직, 조기퇴직, 희망퇴직, 정리해고제 등의 말들이 자꾸 쏟아져 나온다. 최근 들어 우리 주변에 정년을 맞이하지 않고 회사를 떠나는 사람들의 그림자가 많이 나타나는 것을 볼 수 있다. 이것은 더 이상 남의 일이 아니다.

지금까지는 가족과 떨어져서 낯선 타지에 단신 부임하는 것도, 40이나 50세를 넘어서 익숙지 않은 일을 하는 것도 샐러리맨이라면 당연한 것이었다. 아무리 힘들어도 정년까지 일하게 해준다면 회사가 나가라고 할 때까지 열심히 일한 것이다. 그러나 이제는 상황이 매우 달라지고 있다.

일을 하고 싶어도 회사에서 책상을 치우면 샐러리맨은 끝이다. 아무리 투쟁을 해 보아도 원위치로 돌아갈 수 없다. 찬밥 신세가 되더라도, 외직으로 쫓겨나더라도 회사를 그만둘 수 없는 처지라면 스스로의 몸은 스스로 지키는 것밖에 없다. 그렇지 않으면 회사의 신세를 지지 않아도 살아 나갈 수 있는 길을 찾을 수밖에 없다.

이러한 풍조를 반영하듯 각종 자격시험을 보는 샐러리맨의 수가 매년 증가하고 있다고 한다. 점심시간에 변호사나 공인회계사 등의 고난위도 국가시험에서부터 부기나 영어검정 등을 비롯한 주택관리사, 공인중개사, 공인감정사 등 생활 주변의 대중적인 자격시험에 이르기까지 각종 교재를 펼쳐 놓고 있는 샐러리맨들이 적지 않다. 자신의 수준을 높이는 것은 훌륭한 일이지만 도가 너무 지나치면 주객이 전도되어 버린다.

자격시험에 도전하기 위하여 정시가 되면 싹 퇴근해 버리고 점심시간은 점심시간대로 수면 부족의 얼굴로 앉아 있는 사람도 있다. 어떤 자격증을 손에 넣으려 하는지는 모르지만 그런 모습으로는 주위의 빈축을 살 뿐이다. 회사에서 급여를 받는 사람이라면 무엇보다도 자기 일을 제일 먼저 생각하는 것이 상식이다.

어떻게 하면 일에 적용할 수 있는가

앞으로의 시대가 어떻게 달라지는가에 불안한 기분이 든다고 하여 상사가 허둥대면 부하는 점점 더 안정을 찾지 못한다. 진심으로 자립을 생각하고 있어도 부하 앞에서는 태연한 얼굴을 하고 있어야 한다. 하루 일과가 끝난 후나 주말에 있는 짧은 시간 속에서 천천히 자격시험을 준비할 수밖에 없다.

어떻게든 시간이 필요하다면 아예 회사를 그만두는 것이 좋다. 그 어느 쪽도 아닌 중간적인 애매한 태도로 일을 하고 있으면 회사나 상사에게 폐를 끼치는 것은 물론이며 자신의 기분에도 정리가 안 된다. 그리고 마침내는 회사에서의 평가가 낮아지고 자격증도 취득하지 못하게 된다. 두 마리 토끼를 잡으려다가 모두 놓치는 것과 마찬가지다.

각고의 노력 끝에 자격시험에 합격해도 그것만으로 독립할 수 있는 것은 아니다. 중소기업 진단사의 자격이 있다고 해서 경영 컨설턴트로서의 성공을 보장받는 것은 아니며, 세무사의 자격을 지니고 있다고 해도 세무 사무소가 번성한다고 말할 수 없다. 고객을 개척하고 이익을 잘 확보하여 사업으로서의 궤도에 올려야 하는 것이다.

그 때 가장 필요한 것은 자신의 일에 대한 강한 의욕과 정열이다. 경쟁자들과 대결하여 그 업계에서 살아 남기 위해서는 근성만으로 통하지 않는다. 샐러리맨의 생활이 잘 풀리지 않는다는 이유만으로 뛰어들어서는 틀림없이 실패한다. 잘 알겠지만 세상이라는 것은 그렇게 쉽지만은 않기 때문이다.

자신의 몸을 보호하기 위해서 자격증을 손에 넣으려는 사람이라면 지금의 회사 일을 한층 더 잘해 내는 것이 좋다. 경리 담당자가 부기의 자격시험에 도전한다면 주변에서도 납득하기 쉬울 뿐 아니라 회사도 인정하기 쉬운 것이다. 물론 그런 경우에도 자기 일은 충실하게 해야 한다. 특히 상사의 입장이라면 단 1분의 틈도 보여서도 안 된다.

실제로 전직(轉職)이라는 상황이 왔을 때 결정타가 되는 것은 자격이 아니라 지금까지 어떤 일의 실적을 남겼는가가 중요하다. 독립해서 개업할 때는 자기의 모든 것이 시험대에 오른다. 자격증을 가지고 있는 것은 출발점에 선 것뿐이다. 자격증에 의욕을 갖는 것이 쓸데없는 것이라는 생각은 아니지만 지금의 일에서 성과를 내는 것을 전제로 부가가치로서 생각하는 것이 현명하다.

회사에서 버림받았을 때의 상황을 생각할 시간이 있으면 자신의 부하를 한 사람이라도 많은 전력으로서 키우는 것에 신경을 집중시키는 것이 좋다. 어떤 시대가 와도 강한 조직을 통솔하는 리더를 잘라내는 바보 같은 회사는 없다. 만일 그런 회사가 있다고 해도 정말 뛰어난 인재라면 다른 회사에서 가만히 두지 않을 것이다.

자격시험에 도전한다면 자신의 꿈을 향해 노력해 주기 바란다. 그런 강한 마음이 없다면 자격증은 아무런 도움이 되지 못한다. 회사에서 주어진 지위 대신에 자격증이 보험이 된다는 식으로 생각하고 있으면 쓸데없는 고생을 한 것에 불과하다. 그것보다도 눈앞에 있는 일에 전력을 다하여 부딪히는 것이 바람직하다.

5. 무엇 때문에 책을 읽는가 

독서야말로 비즈니스맨의 필수 아이템

샐러리맨에게 있어서 독서는 실로 다양한 효용 가치가 있다. 최신 정보를 자세히 알기 위해서도, 관련된 업무의 배경을 잘 이해하기 위해서도, 시대의 흐름을 놓치지 않기 위해서도 샐러리맨은 많은 책을 읽어야 한다. 점심시간에 사무실이 밀집된 지역의 서점을 들여다보면 남녀노소의 샐러리맨들이 열심히 책장을 넘기고 있다.

그러고 보면 입사하자마자 여러 가지 입문서를 읽은 기억이 난다. 샐러리맨의 상식이나 비즈니스맨으로서의 기본 자세 등은 모두 매뉴얼을 읽어서 몸에 익숙하게 하기 위한 것이다. 지금도 신문의 베스트셀러 정보는 놓치지 않는다. 화제가 되고 있는 책의 제목 정도는 한번 익혀 두지 않으면 거래처 상대와 상담할 수도 없고 뒤처지게 된다.

이제부터라도 샐러리맨 생활을 계속하려면 손에서 책을 놓아서는 안 된다. 일에 필요한 책만을 읽는 것이 아니라 소설이나 에세이 등은 출퇴근시에 없어서는 안 될 아이템이다.

여기서 잊어서는 안 되는 것은 문화와 역사에 관한 책이다. 역사적인 교훈이나 생활문화를 통하여 정확히 시대의 방향성을 제시해 준다.

하지만 100명의 사람을 만나면 100권의 책을 추천받는다. 이렇게 되면 읽어야 할 책이 너무 많고 일을 할 시간이 없어진다. 아무래도 우선 순위를 정하지 않으면 무엇부터 읽어야 할지 모르게 된다. 도대체 샐러리맨으로서의 필독도서는 무엇인가?

이런 생각이 들었을 때는 인간을 알기 위한 책을 우선 읽자. 고전이나 역사에 관한 책 또는 소설도 좋다. 비즈니스의 원점을 찾아가면 그 끝은 인간의 문제가 된다. 부하를 잘 부리는 것도, 거래처와 좋은 관계를 갖는 것도 인성의 본질을 잘 모른다면 불가능한 일이다.

자신의 가치관을 확립하라

고전에서부터 현대의 것에 이르기까지 책을 많이 읽은 사람과 대화를 하고 있으면 자기도 모르게 인간으로서의 깊이를 느낀다. 아무렇지도 않게 내뱉은 말 속에도 지성이 반짝이고 있다. 이러한 사람은 눈빛부터 틀리므로 멋이 있다. 베스트셀러를 몇 권 읽은 것만으로는 진정한 매력을 연마할 수 없다. 얕은 독서로는 금세 바닥이 드러나는 것이다.

그렇다고 해서 손에 잡히는 대로 책을 읽는다고 자신의 수준을 높일 수 있는 것은 아니다. 속된 말로 '논어 읽은 사람이 논어를 모른다'는 말처럼 아무리 훌륭한 책을 읽어도 씌어 있는 것이 하나도 몸에 배지 않는다면 낮잠을 자는 편이 훨씬 도움이 된다는 것이다. 아무리 책을 읽어도 그런 식이라면 가분수가 될 뿐이다.

중요한 것은 읽은 책의 수량이 아니라 얼마만큼 이해를 하느냐에 달려 있다. 씌어 있는 것을 자신의 문제로 받아들여 정면으로 부딪히는 것이다. 말 한마디의 무게를 온몸으로 받아들이면 자신의 피가 되고 살이 되어 간다. 실생활에서 곤란을 겪어도 극복할 수 있는 힌트가 보인다.

그런 자세로 책을 읽다 보면 사람의 나약함을 싫을 정도로 알게 된다. 일을 게을리하는 부하가 단순히 게을리하고 있는 것이 아니라 심각한 고민을 안고 있어서라는 것을 알게 되는 마음의 여유도 생긴다. 여러 가지 다양한 정신세계나 가치관과 만남으로써 사물을 보는 관점이나 생각의 폭이 넓어진다.

상사라는 입장이 되면 일을 잘하는 것만으로는 부족한 것이 많이 있다. 자신의 경험에만 의존하면 해결되지 않는 문제가 점점 더 많아진다. 그럴 때일수록 책을 읽어야 한다. 쉽게 해결하지 못했던 문제를 가로·세로·대각선으로 생각해 보고 냉정한 판단을 내리게 하는 것이 독서의 매력인 것이다.

물론 지식을 얻기 위해서도 책은 가장 가까운 그리고 공개된 정보원이다. 급격하게 변화하는 시대의 핵심을 정확하게 알기 위해서도 독서는 필요하다. 노하우 중심의 입문서에서도, 만화로 그려진 매뉴얼에서도 자신에게 어울리고 이해가 가는 책을 읽어야 한다. 동 시대를 살고 있는 당사자의 의식을 잊지 않으면 어떤 책에서든 풍부한 메시지를 얻을 수 있다.

독서가인 척하고 여러 가지 책을 마구 사들일 필요는 없지만 천천히 자신의 페이스로 책을 읽고 있으면 모르는 사이에 놀랄 정도로 세계가 넓어진다. 때로는 읽은 적이 없는 장르의 책을 끝까지 읽어 내는 것도 재미있다. 지금까지 알 수 없었던 지혜나 열쇠를 엉뚱한 곳에서 발견하기도 한다.

책 속에는 다양한 인생이나 무한대의 지식이 담겨 있다. 자신의 인생을 알고, 그것을 바탕으로 정독해 나가면 흔들리지 않는 가치관이 확립되어 간다. 상사로서의 일을 하기 위한 에너지와 자신도 생긴다. 역경에 부딪쳐도 한 권의 책에서 도움을 받는 경우가 적지 않은 것이 인생이 아닐까.

6. 인맥은 깔끔하게 만들어야 한다 

다른 사람의 힘을 빌리자

아무리 훌륭한 사람이라도 혼자서는 도저히 할 수 없는 것이 샐러리맨 세계의 일이다. 여러 사람의 의견을 잘 듣고 복잡하게 얽힌 이해의 대립을 조정하여야 겨우 조금씩 일의 방향이 보인다. 주위의 의견을 듣지 않고 독단으로 행동하면 아무리 올바른 일이라도 무너지고 만다.

부하를 생각한 대로 잘 다루려고 해도 상사의 의견을 일방적으로 밀어붙이는 것만으로는 아무도 힘을 빌려 주지 않는다. 부하를 마음으로 움직이게 하기 위해서는 모티베이션을 자극할 만한 세심한 커뮤니케이션이 필요하다. 점심을 먹고 있을 때나 술자리에서 잡담을 할 때 자기 자신을 보여 주는 것이 중요하다.

하물며 다른 부서나 거래처를 설득하기 위해서는 상대의 입장이나 사고방식을 잘 이해하여 강하게 자신의 의견을 주장해 나가야 한다. 직위가 높아지면 질수록 겸허하게 상대를 받아들이는 자세뿐만 아니라 어디에도 굴하지 않는 명확한 의사 표현이 요구된다. 속으로만 생각하는 의견은 아무도 신용해 주지 않는다.

그러나 억지로 키를 높일 필요는 없다. 자신의 키 그대로를 솔직하게 상대방에게 전하면 된다. 처음부터 완벽한 속마음을 보여주는 것보다는 발판을 먼저 만드는 것이 좋다. 여기서 핵심을 잡을 수 있을지는 자신의 역량에 달려 있다. 어느 쪽으로 가도 일의 수준이 높아지는 것은 틀림없다.

어쨌든 자신의 의견에 구애되지 말고 성실한 태도로 임하는 것이 중요하다. 진심으로 상대의 힘을 빌리고 싶은 마음이 있다면 누구나 호응해 주게 되어 있다. 자기를 잘 인정해 준 상대라면 손해나 이익을 떠나서 도움을 줄 것이다. 그러한 인간관계를 형성함에 따라 인맥은 점차 축적되어 간다. 가지고 있는 명함의 수만으로는 인맥을 알 수 없다.

■■■동 세대간의 인간관계가 중요

상사라는 입장이 되면 부하의 일 처리를 보고 가만히 있을 수 없다. 부하가 교섭해 내지 못한 거래처와의 거래를 상사는 간단히 이끌어 낼 수 있다는 것 정도는 보여 주어야 한다. 그 때 설득력이나 교섭력도 중요하지만 인맥이 있으면 유효하다.

업계의 파티 등에서 거물급들만을 찾아다니며 명함을 마구 뿌리고 다니는 사람이 있다. 그런 후에 상대방으로부터 받은 명함의 직위가 높으면 높을수록 기뻐하지만 그런 것은 아무런 도움이 되지 않는다. 상대방은 명함을 받았으니까 준 것일 뿐, 다음날 아침이 되면 말끔히 잊어버린다.

사외의 스터디클럽이나 연수 세미나에 적극적으로 참가하여 열심히 명함을 뿌리는 사람도 있다. 한두 번 유명인의 강연회를 들은 정도인데 마치 그와 지기관계인 것처럼 아는 척을 한다. 그대로 잘 넘기면 애교로 끝나지만, 간부급들이 소개를 요청을 하거나 하면 궁지에 몰리게 된다. 경우에 따라서는 웃음으로 넘길 수 없게 된다.

자기보다 직위가 높은 사람과의 인맥은 무리하게 이루지 않는 것이 좋다. 아무래도 필요하다면 상사나 선배에게 상담해서 정식으로 소개를 받는 것이 좋다. 대등 관계가 아니라는 것을 충분히 의식한다면 허리를 낮추어 행동하는 것이 철칙이다. 상대의 마음에 들견 다만 그것으로 소중한 인맥으로 키워 나갈 수도 있다.

절대적으로 해서는 안 되는 것은 소개자의 체면을 허무는 일이다. 소개자와의 관계가 두텁다면 다소의 무례 정도는 관대하게 봐준다. 건방진 말을 들었다고 해서 앞에다 대고 화를 내는 일도 없다. 그러나 그 상대방은 소개자에게는 반드시 한 마디를 할 것이다. "건방진 놈!"이라는 소리를 들으면 소개자의 체면은 그대로 엉망이 되는 것이다.

반대로 경우 바른 사람이라는 소리를 들으면 많은 선배들이 알아주게 된다. 한 사람의 선배와 접촉하는 동안의 시간이 깊이 있게 되고, 또 그만큼 긴장하는 시간도 길어진다. 웬만큼 강한 정신력이 없으면 유지하기 힘들다. 그러나 선배를 사귀려면 그만한 각오는 해야 한다.

긴 안목으로 보았을 때 가장 중요한 것은 동 세대간의 인맥이다. 예를 들면 자기가 계장일 때는 상대도 계장이므로 인맥을 살리기는 어려운 면이 있다. 그러나 속마음을 보이는 관계를 10년 정도 계속하면 틀림없이 강한 내편이 되어 준다. 자기가 성장하는 것에 따라서 상대도 중요한 사람이 되어 간다. 계장일 때는 계장으로서 필요한 인맥이 과장이 되었을 때는 과장으로서 필수적인 인맥으로 자연스럽게 성장해 나간다.

그 때 중요한 것은 인맥에서 무엇을 얻느냐보다 인맥에 어울리는 자신을 만들어 가는 것이다. 경쟁자보다 처지지 않도록 매일 인격의 연마와 함께 자기 일에 대한 노력을 게을리하지 않아야 할 것이다.

7. 잘 놀지 못하는 사람은 일도 잘 못한다

▮ 팽팽한 실은 언젠가 끊어진다

책상 위에 잔뜩 쌓인 서류를 두고 부하 한 사람의 목표 달성률 등을 생각하면 아무리 시간이 많아도 그 시간이 모자라는 것이 상사의 일이다. 가로·세로·대각선의 인간관계를 잘 이끌어 내어 자기의 능력을 최대한으로 끌어올리고 인간적인 면으로도 성장해 나가야 하므로 언제나 나사를 힘껏 조여야 한다.

몸이 조금쯤 안 좋아도, 한기가 오거나 열이 있어도 쉬고 있을 수는 없다. 힘껏 페달을 밟고 있는 발을 멈추면 그 순간 타고 있던 자전거가 넘어진다. 가끔은 자기 자신을 쉬게 하고 싶지만 그러면 지금까지의 고생이 수포로 돌아간다. 무슨 일이 있어도 힘을 내지 않으면 회사 내에서 살아 남지 못하게 된다.

그런 식으로 팽팽하게 긴장된 기분으로 있는 것은 이해가 된다. 조금이라도 느슨해지면 금세 덫에 걸리게 되는 것이 샐러리맨의 세계이기 때문이다. 가능하면 손가락질을 당하지 않기 위해서 신중하게 행동하지 않으면 언제 어디서 누구에게 무슨 소리를 들을지 모른다. 한번 의심을 받으면 후회해도 늦다.

그러나 스스로는 힘껏 페달을 밟고 있다고 생각해도 자전거가 흔들거리는 경우도 있다. 주변의 풍경을 볼 수 있는 정도의 마음의 여유가 없으면 언젠가 모르는 곳에 떨어진다. 자나 깨나 일 때문에 긴장하고 어깨에 힘을 빼는 시간이 없어지면 자기가 무엇을 하고 있는지 모르게 된다.

아무리 튼튼한 기계라도 24시간 가동하면 생산성은 떨어지게 되어 있다. 아무리 신축성이 뛰어난 고무줄이라도 24시간 잡아당기고 있으면 언젠가는 뚝 끊어진다. 하물며 생명체인 인간은 그렇게 힘을 쓸 수 없다. 인생은 짧은 경주가 아니기 때문에 도중에 끊어져도 기권을 할 수 있는 것이 아니다.

자기 페이스로 달리고 있는가

그런 것은 알고 있지만 일이 줄어들지는 않는다. 매일 쌓이는 스트레스를 어딘가에서 풀어야 한다. 가장 쉽고 가까운 해결책으로 술 마시고, 돈 걸고, 여자를 사게 된다. 밤의 세계에서 스트레스를 풀고 일할 의욕을 회복시킨다. 술을 몇 병 마셨다든지, 경마에서 보너스를 얻었다든지 하는 것이 멋진 격려가 되어 준다.

신년회나 망년회 등 샐러리맨은 술 마실 기회가 많으므로 취하는 것도 반은 일이다. 거래처 담당자에게 초대받아서 참새 눈물만큼 마신다면 상대도 김이 빠진다. 남자와 여자밖에 없는 세상에서 나이가 몇 살이 되든 흥미가 있는 이른바 '와이당'이나 음담패설에는 누구나가 관심을 갖는다. 분위기에도 잘 활용되는 것이다.

그러는 중에 술이 센 사람은 호걸이라는 둥, 역경을 이겨 내는 사람이라는 둥, 여자가 많은 사람은 재주가 좋다거나 등등의 이야기가 나온다.

샐러리맨으로서 성공하고 싶으면 '술을 마시고', '돈을 걸고', '여자를 사는' 것을 잘해야 한다고 극단적으로 말하는 사람도 있다. 술도 마시지 못하고, 포커나 고스톱도 안 하고, 여자라고는 부인밖에 모르는 남자는 샐러리맨으로서는 실격이라고 말하는 것과 마찬가지다.

바보 같은 소리라고 말할지 모르지만 진심으로 그렇게 말하고 있는 사람도 적지 않다. 일은 별로 안 하면서 다섯 시가 넘으면 갑자기 힘이 솟고 밤마다 네온을 찾아다닌다. "새벽까지 거래처 사람들과 마셨다"고 말하면서 졸린 눈을 비비며 마치 거래처 사람들과 관계가 돈독한 듯 자랑한다. 당연한 듯 술값은 회사에 꼬박꼬박 청구한다.

술을 마시는 것도, 고스톱을 하는 것도, 가끔 애정관계를 즐기는 것도 다른 사람에게 폐를 끼치지 않는다면 아무런 말은 않겠지만 그것을 일이라고 생각한다면 큰 착각이다.

거래처 사람들을 접대할 때도 술독에 빠질 정도로 많이 마실

이유는 없다. 술이 너무 좋아서 마시는 것이라면 자기 돈으로 마시는 술이 가장 맛있다.

샐러리맨이 놀아야 하는 이유는 쌓인 스트레스를 어디선가 풀어야 하기 때문이다. 구차하게 매일 같은 것만을 생각하면 좁은 곳에서 쳇바퀴를 돌 뿐으로 새로운 발상도 떠오르지 않는다. 몸과 마음이 모두 피로해진 상태에서 쓸데없는 실책을 반복하거나 절호의 기회를 놓치기도 한다. 이것이 문제다.

적당하게 몸을 쉬게 하는 것은 물론이지만 마음도 재충전시킬 필요가 있다. 매일 반복되는 일을 싹둑 잘라내고 하고 싶은 것을 할 수 있는 시간을 어떻게든 만들어 내야 한다. 잘 치지도 못하는 골프에 몰두해 보는 것도, 하루종일 음악이나 그림에 열중하는 것도 자신을 찾는 것이라면 무슨 일이든지 해도 좋다. 그런 것이 멋지게 노는 것이 아닐까.

그렇지 않아도 샐러리맨은 해야 할 일이 많다. 노는 것을 매뉴얼에 따르듯이 하는 것은 재미가 없다. 놀 때 정도는 자기의 돈과 자기의 시간으로 자신의 스타일로 멋지게 노는 것이 몸에도 좋다. 너무 고지식하면 나중에 숨이 막힌다.

8. 기획력을 단련하는 대처법 

시대의 흐름을 탈 것

휴일날에 백화점 지하에서 최상층까지 찬찬히 살펴보면 정말 다양한 상품이 진열되어 있다는 것에 놀라게 된다. 30년 이상 포장지의 디자인 하나 변하지 않는 롱 셀러에서부터 발매한 직후 재고까지 바닥 나는 대히트 셀러까지 각각의 매장에서는 시대의 꿈과 욕망이 형태로 보인다.

진열된 상품 하나하나를 보면 매장에 도착하기까지 수많은 격전지를 헤치고 왔다는 것을 알 수 있다. 다양한 각도에서 마케팅을 거쳐 프레젠테이션에서 몇 번이고 퇴짜를 맞고 철야로 다시 작성한 기획서가 다시 상품이 되어 연마에 연마를 거듭한 후 겨우 상품이 된 것들뿐이다. 하나하나가 샐러리맨들의 노고의 결정인 것이다.

어떻게든 상품이라는 형태가 되었다고 해서 그것만으로 사용자의 손에 전달되는 것은 아니다. 시장 동향을 파악한 판매회의를 반복하여 호소력이 높은 광고 선전의 전력을 세우고, 원가계산이나 예산정리를 거듭하여 가장 효과적인 경영활동을 전개해 나가야 한다. 물건 하나를 팔기 위해서 굉장한 노력을 하고 그 노력으로 돈을 번다는 이야기다.

백화점의 바이어 앞에는 그러한 상품이 연일 산더미처럼 배송된다. 상품의 품질이나 특성을 고려하여 사업조건이나 유통경로를 엄격하게 교섭하고, 하나하나의 상품이 음미되어 최종적으로 선택된다. 서로의 의견이 심하게 부딪치고 긴장된 순간을 넘기며 마지막 순간에 매입자와 공급자가 악수를 한다. 신경이 곤두서는 것도 당연한 일이다.

그런 과정을 거쳐서 매장에 진열된 상품이라 할지라도 모두가 잘 팔리는 것은 아니다. 소비자에게 알려지지 않은 상품은 시장에서 재빨리 모습을 감춘다. 시대의 흐름을 타지 못했던 상품은 기획개발비에서 판매촉진비까지 일체 건지지 못한다. 아무리 애를 써도 시대의 흐름을 타지 못하면 좋은 결과를 내지 못한다.

시대의 요구를 파악한 연출

자신을 가지고 내놓은 상품이 반년 후에 창고 구석에서 먼지만 쌓인 채로 있거나 사운을 걸었던 이벤트회장이 썰렁한 경우 등은 샐러리맨이라면 누구나 한두 번은 경험했을 것이다. 자신이 기획한 일에 빠져서 침식을 잊고 갖은 애를 쓰지만 헛수고로 돌아가는 경우가 허다하다.

그렇다고 해서 그 때마다 자포자기로 술을 퍼마신다고 해도 잘 팔리는 기획은 나오지 않는다. 또 히트 상품을 곁눈으로 보면서 '나도 할 수 있다'고 주먹만 불끈 쥔다고 성공의 기회를 잡을 수는 없다. 자기가 생각한 것만으로 기획을 세우는 것은 시대의 요구에 부합되지 않을 수 있기 때문이다.

직위가 낮은 경우라면 생각나는 대로 기획서를 제출해도 내지 않는 것보다는 좋다고 보아줄지도 모른다. 아이디어가 결여된 기획서를 상사나 선배가 잘 받쳐 줘서 커다란 프로젝트로 성장시켜 주는 경우도 있다. 그러나 직위가 생기고 상사가 되면 확실히 팔리는 기획을 요구받는다. 그것을 못하면 그대로 넘어가지 못한다.

히트 상품의 비밀을 찾아서 그 원인을 분석하는 것도 중요하다. 잘 팔리는 상품에는 반드시 소비자를 납득시킬 만한 힘이 있다. 히트 셀러의 배경에는 기획의 힌트가 숨어 있다. 다양한 각도에서 잘 팔리는 이유를 치밀하게 추적해 가면 된다.

그러나 그것만으로는 늦다. 재탕 기획으로는 시대의 흐름을 탈 수 없다. 가장 중요한 것은 자기가 살고 있는 시대를 정면으로 바라보는 것이다. 내려다보는 것도 아니고 올려다보는 것도 아닌 같은 위치에서 똑바로 시대를 볼 수 있느냐 없느냐가 승부의 열쇠가 된다. 이렇게 말을 하는 것은 간단하지만 실행으로 옮기려 하면 어렵다. 아무래도 개인의 사정에 따라 변경되기가 쉽다.

이럴 때는 자신의 입장이나 놓여진 상황을 한번은 백지로 돌려 보라. 가능하면 손익감정을 하지 말고, 가능하면 개인의 소망을 제거하고 선호도에 구애받지 말며 객관적이고 냉정하게 시대를 바라보는 것이다. 그것을 할 수 있으면 시대의 흐름이 어느 쪽으로 향하고 있는지를 알 수 있다. 융통성 있는 눈으로 세상을 보지 않으면 시대에 뒤떨어진다.

특히 상사의 입장이 되면 부하의 기획을 판단하는 것이 하나의 중요한 업무가 된다. 세대가 다른 젊은 발상이나 감각을 이해하는 것이 중요한 능력이 된다. 자기의 가치관에만 묶여서 한 발자국을 내딛는 용기가 없으면 절대로 새로운 기획은 나올 수 없으며, 시대의 요구에 응답한다는 것은 무리다.

내외의 정치·경제 동향을 파악하는 정도나 과학기술의 첨단만을 극대화시키려고 하면 시대의 단편밖에 이해할 수 없다. 베스트셀러로 화제가 된 책을 읽어 보고 잘 팔리는 CD를 들어 보는 등 여러 가지에 눈과 귀를 가져가 보는 것이 좋다.

흥미의 폭이 넓으면 넓을수록 시대의 뿌리를 잘 보게 되기 때문이다.

9. 정보와 데이터베이스의 활용법 

■무엇을 근거로 결단을 내리는가

비즈니스의 결과가 나온 뒤에 '이렇게 했으면 좋았을 것을…' 이라든지, '상황이 좀더 달랐다면…'이라는 식으로 생각하는 경우가 있다. 자기가 지닌 지식과 경험을 총동원하여 큰 결단으로 추진한 일이라도 비즈니스 사회에서 언제나 옳지는 않다. 잘 풀리는 경우가 있고 잘 안 되는 경우도 있다.

더구나 지위가 있으면 우왕좌왕하고 전혀 자신이 없는 경우에도 결단을 미루는 것은 용납되지 않는다. 누군가가 책임을 지고 결단을 내리지 않으면 회사는 어느 쪽으로도 가지 않게 된다. 결단을 보류한 채로 있으면 모처럼 찾아온 비즈니스의 기회도 놓치게 된다.

그렇다고 해서 자기의 운이나 요행만을 기대하고 승부를 걸 수는 없다. 코너에 몰려서 던진 주사위가 어떻게 나올지 최후의 순간까지 아무도 모른다. 결과가 잘못 나왔을 때 주저앉을 정도라면 처음부터 던지지 않는 편이 낫다.

상사가 결단을 내리는 것은 일의 책임 모두를 받아들인다는 것을 의미한다. 단 한 가지의 가능성을 선정하여 다른 가능성을 잘라 내버리는 것을 의미한다. 판단 하나를 잘못하면 자기가 실패하는 것은 물론이며, 자기를 믿고 따른 부하나 회사에 커다란 손해를 끼치게 된다. 그렇게 되지 않도록 정확한 정보를 바탕으로 판단을 내려야 한다.

이를 위해서는 평상시부터 다양한 각도로 안테나를 세우고 자신의 일에 도움이 되는 정보를 체크해 두어야 한다. 신문, 잡지들을 비롯하여 인터넷이라든지 통신하이웨이 등을 통해 쏟아지는 정보량은 가속도적으로 늘어나고 있지만 정말로 필요한 정보는 소수이다. 아차 하는 순간에 놓치면 언젠가 사라지게 된다. 그리고 있어도 그만, 없어도 그만인 정보만이 남겨진다.

사실을 차근차근 쌓아 올리자

실제로 도움이 되는 정보를 손에 넣으려면 자신의 일에 대한 문제의식을 가져야 한다. 아무 생각 없이 내뱉은 한 마디를 들어도 듣는 사람의 문제의식이 강하면 다른 사람은 쉽게 지나치는 듯한 정보를 잘 캐치할 수 있다. 극비 정보를 살짝 들어도 가치를 모르는 사람에게는 아무런 정보가 될 수 없다.

그러나 문제의식을 높이는 것은 그리 간단한 것이 아니다. 자신의 일에 대한 강한 의욕도 필요하지만 그것만으로 정보를 모을 수는 없다. 가능하면 냉정하게 자신이 놓인 상황을 분석하여 객관적인 사실을 바라보는 것이 중요하다. 지금 현재의 일에서 가장 중요한 것이 무엇인지를 올바로 이해하는 것이 필요하다.

매일 데이터베이스를 쌓아 커뮤니케이션을 전개해 나가면 할 수 있는 일과 할 수 없는 일이 명확히 보인다. 매출의 신장률에서부터 예산이 창출되면 판매촉진이나 선전광고의 능력도 결정된다. 아무리 매력적인 판매기획 정보라도 현실적으로 불가능한 계획이라면 필요가 없다. 아무런 도움이 되지 않는다.

또 현실을 바탕으로 하여 생각하지 않으면 첨단을 달리는 최신 정보 속에 혼자 남겨지게 된다. 불필요한 설비투자를 하거나 쓰지도 않을 시스템을 도입하거나 후에 스스로를 자책할 결단을 내린다. 장래를 바라보는 것에 치중한 나머지 발을 보지 않게 되는 것이다. 장밋빛 꿈에 취해 버리는 것이다.

이제 막 계장이 된 사람이 심각하게 경영전략을 고민하거나, 데뷔 전의 가수가 밤새도록 사인 연습을 하는 등의 일은 사실 누구나 몰래 한 번쯤 해 본다. 그렇게 해서 스스로를 자극하고 한 발자국이라도 앞으로 나아갈 수 있는 활력이 된다면 부정적으로만 생각할 것도 아니다. 그만큼의 기력도 없다면 스스로를 향상시킬 수 없다.

그러나 계장 자신이 사장이라고 생각하거나 풋내기 가수가 자신을 스타라고 착각하면 틀림없이 신뢰받지 못하게 된다. 계장으로서 요구되는 것은 사장의 일을 하는 것이 아니다. 계장으로서의 입장에서 일을 하는 것이다.

정보를 살릴 때도 마찬가지의 발상이 요구된다. 시대의 흐름에 맞는 정보에 흥미를 갖는 것도 중요하지만 그것을 무리하게 일에 연결 짓지 않아야 한다.

자기 일의 규모에 맞는 정보는 정확한 판단을 내리기 위한 근거가 된다. 일류 평론가의 말보다도 경험이 없는 부하의 순수한 한마디 말이 더 도움이 될 때도 있다.

정보의 레벨을 결정하는 것은 일에 관여한 당사자의 의식이다. 주위의 상황을 엄격하고 객관적으로 바라보고 구체적으로 비즈니스를 전개해 갈 의욕이 있으면 다양한 정보가 자연스럽게 모이게 된다. 일의 테마가 응축될수록 진정으로 필요한 정보를 놓치는 일도 적어진다. 상사로서의 결단도 임기응변으로 내릴 수 있게 된다.

10. 누구에게도 지지 않는 필드를 만들어 두어야...

■초신자의 마음으로 돌아갈 각오가 필요

샐러리맨의 세계에서는 하나의 일을 하는 것만으로 정년을 맞이하지 못한다. 입사했을 때 경리부에 배치되었다고 해서 경리부장이 된다는 보장은 없다. 세일즈맨으로 시작한 신입사원이 영업부장이 된다는 보장은 없다. 어떤 일을 하느냐 하는 것은 스스로가 아닌 회사에서 정한다. 이것은 당연한 것이다.

특히 샐러리맨이 승진할 때는 지금까지 경험을 쌓은 부서에서 직위가 부여된다면 상관이 없지만 해 보지도 않은 분야에서 상사라는 위치에 놓이게 되면 큰일이다. 명확히 말하면 부하가 더 일을 잘하는 상황이지만 이동한 그 날부터 중요한 결단을 내리고 지시명령을 내려야 한다.

그 때는 부하들도 새로운 상사를 평가하게 된다. 사내에서 소문은 들었다고 해도 스스로의 눈으로 확인하지 않으면 실제로 어떤 사람인지는 알 수 없다. 일을 잘하는지 못하는지, 국량은 넓은지, 기량은 어떤지, 자세한 것까지 놓치지 않으려고 일거수 일투족을 본다. 상사에게는 굉장한 고문이다.

부하들에게 시험받는 듯한 분위기가 못 견디겠다는 것은 알겠지만 그럴 때일수록 직위를 이용해서 힘으로 누르려 하지 않아야 한다. 지금까지의 지식이나 경험을 없앨 수 있다는 각오로 새로운 일에 도전하는 자세를 보이는 것이 좋다. 신입사원으로부터 배우려는 겸허한 태도로 접해 나가면 부하도 적극적으로 상사를 따르고 힘껏 도와 주려고 할 것이다.

부하의 입장에서 보면 자기가 하고 있는 일을 상사가 진심으로 이해해 주기를 바라기 때문이다. 매일 전표나 장부를 정리하는 일이라든지, 컴퓨터의 키보드를 두드리는 등의 일을 상사에게 시키려는 부하는 없다. 일의 흐름을 잘 파악해서 정확한 판단을 내려 주기를 기다리고 있는 것이다. 부하의 이런 마음에 응답하지 못하면 상사가 아니다.

프로페셔널의 조건

그렇다고 이동할 때마다 처음부터의 일을 다 배우려고 하면 24시간을 일해도 시간이 모자랄 것이다. 직위가 높아지면 질수록 맡겨지는 일의 범위는 넓어지므로 점점 더 사소한 일상 업무는 모르게 된다. 그런 것은 담당자의 일과 나누어서 한 단계 높은 시야에서 일 전체의 포인트를 잡는 것이 중요하다. 그것이 상사의 역할인 것이다.

부하가 하고 있는 일을 보거나 부하로부터 보고를 받았을 때 조금이라도 모르는 부분이 있으면 자기가 납득할 때까지 구체적으로 설명을 시키면 된다. 부하가 얼마만큼 일을 이해하고 있는지를 확인하는 것뿐만 아니라 일의 진행 방법상의 문제점도 엄격하게 검토할 수 있다. 아는 척을 하는 것보다는 훨씬 더 효과적인 방법이다.

그런 것을 반복하고 있는 동안에 자연스럽게 상사의 가치관이 부하에게 전달되어 간다. 회사의 경영 방침을 바르게 받아들여서 최장거리로 이익을 올리려는 의욕이 있으면 지금까지 구축해 온 지식과 경험은 부하들의 눈에는 상사의 개성으로 보이게 된다. 전혀 새로운 각도에서의 제언으로서 부하의 모티베이션을 강렬하게 자극한다.

오랜 세월을 영업부에서 일하고 난 뒤 기획부의 팀장으로 발령이 나면 영업부의 관점에서 기획을 보는 것이 가장 좋다는 말이다. 영업부나 기획부나 효율적으로 회사의 이익을 올리는 것이 샐러리맨의 일인 것이다. 회사가 돈을 벌어야 한 사람의 샐러리맨도 윤택해지는 것이다.

이런 기본을 알고 있으면 무엇보다도 종래의 방법론에 묶이는 일은 없어진다. 영업하기 쉬운 상품을 개발하는 것이 요구에 응답하는 기획을 세우는 것이라고 생각하면 된다. 영업적인 측면에서 세일즈 포인트를 명확하게 아는 것은 기획면에서 소비자의 요구를 보지 않았던 부하에게 있어 콜럼버스의 달걀과도 같은 참신

함을 가져올 것이다.

이 때 무엇보다도 중요한 것은 상사가 지닌 세일즈맨으로서의 능력이다. 영업의 프로로서 확실한 뒷받침이 없으면 상사의 말을 부하는 설교로 들을 뿐이다. 확실한 자기 영역을 개발하면 부하의 가치관에 자극을 주고 폭을 넓히는 말이 된다. 영업의 프로로서 일해왔으니까 기획의 프로로서도 통용되는 것이다.

기획맨으로서의 부하의 말에 솔직하게 귀를 기울이고 나서 경리부로 이동하게 되면 상사의 능력은 더욱 커짐에 틀림없다. 어떤 위치에 놓여도 초보자의 마음으로 바뀔 수 있는 상사는 회사에서는 놓칠 수 없는 귀중한 재산이다. 아무리 시대가 변화해도 프로페셔널로 살아 남을 인재다.

누구에게도 지지 않는 자기 영역이 있으면 거기서 다양한 전개를 할 수 있다. 일이 벽에 부딪쳐서 곤란할 때도 그 장소(자기 영역)로 돌아가서 다시 시작할 수 있다. 역풍이 강하게 불어도 싸울 용기가 생겨난다. 그런 장소가 없다면 지금부터라도 늦지 않았다. 한두 번의 실패에는 끄떡없는 자신감을 지닌 자기 영역을 개발해 두자.

《논어》라는 책이름을 듣기만 해도 옛날 고리짝에서 끄집어낸 듯한 곰팡내 나는 이미지를 떠올리게 되는 사람이 많을 것이다. 하물며 공자라는 이름은 말할 것도 없이 너무 올바른 말씀만 한 사람으로 기억할 것이다.

그러나 공자는 구름 위에 떠다니는 것 같은 상상 속의 인물이 아니었다. 춘추전국시대라는 난세에 태어나 3세 때 아버지를 여의고 매우 가난하게 생활하였다. 그러나 편모 슬하에서도 부지런히 배우고 엄격히 실천하였다.

창고 청소나 마구간지기에서부터 자신의 인생을 출발하였으며, 게다가 유랑생활을 반복하여 사회적 지위(地位)나 부(富)도 없는 채로 그 생애를 마감한 사람이다. 아무리 보아도 성공한 이야기는 찾아볼 수 없다.

공자가 훌륭하다고 하는 것은 최후까지도 그의 뜻이 높았으며, 또한 그는 아무리 어려운 국면에 처해서도 그의 뜻을 굽힐 줄 몰랐기 때문이다. 아무리 쫓겨 다녀도 긍정적인 것만을 생각하였다.

공자는 《논어》의 '위정(爲政)' 편에서 "30세에 자립하여야 한다(三十而立)"고 하였다. 그는 인간의 학문과 식견과 도덕의 발전과정을 단계적으로 설명하면서 30대를 가장 중요하게 생각하였다.

"도를 아는 사람은 도를 좋아하는 이만 못하고, 도를 좋아하는 사람은 도를 즐기는 이만 못하다(知之者 不如好之者, 好之者 不如樂之者)."

위의 내용이 《논어》에 씌어 있다는 것을 생각하면 공자가 딱딱한 이론만을 설교한 사람이 아니라는 것을 알 수 있을 것이다.

공자가 추구한 실질은 세속적인 인간 사회의 상식의 것이다. 후세의 유학자들이 권력자의 편의에 그 해석을 이용했다고 해서 이런 재미있는 고전을 내버려 두어서는 안 된다.

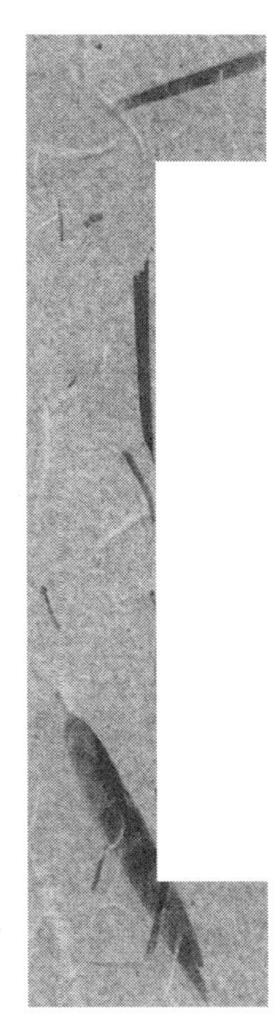
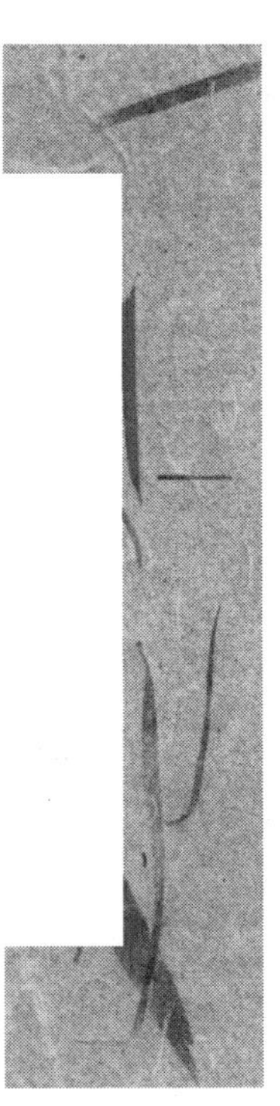

제3장

●

역경을 기회로

1. 하늘이 돕는 자와 버리는 자

사물의 관점은 천차만별

샐러리맨의 운명은 어쩌면 상사에 따라 결정된다. 아무리 실력이 있는 사람이라도 직속상사와 손발이 맞지 않으면 자신이 지닌 실력의 반도 발휘할 수 없다. 자기는 일에 대해 열심히 검토하고 있다고 생각해도 상사의 마음에 들지 않으면 따지고 있다는 오해를 받을지도 모른다.

그렇다고 상사의 말을 앵무새처럼 부하에게 전하는 것은 너무나 비참하다. 자신이 쌓아온 지식이나 경험을 어떻게든 일에 활용하지 않으면 자신이 지닌 직위가 무색해진다. 정면에서 상사와 충돌하는 한이 있어도 바른 것은 바르다고 주장하지 않으면 자기에게 주어진 역할을 이루어 나갈 수가 없다.

그러나 이렇게 어깨에 힘을 주면 상사의 말을 자기도 모르게 비판적으로 듣게 되고 자신의 의견만을 고집하게 된다. 자기도 모르는 사이에 상사의 의견을 무시하는 태도를 지니게 되고 주위의 빈축을 사게 되는 경우도 생긴다. 상사의 입장에서 이러한 부하의 언행을 달갑게 여기는 사람은 아무도 없다.

그러는 사이에 인간관계에도 문제가 생기고 서로 신뢰할 수 없게 된다. 자신을 건너뛰고 지시나 명령이 내려오거나 부서의 결정사항을 자기만 모르고 있다거나 하는 예상치 못한 일로 주위에서 소외당하는 경우가 생기기도 한다. 이유가 어떻든 간에 같은 위치에서 싸움을 하면 부하는 상사를 절대 이길 수 없다.

직속상사와의 관계가 흔들려도 인사이동으로 안 보게 되면 된다고 생각하는 사람이 있다. 그러나 그것은 큰 착각이다. 아무리 여러 번 상사를 바꾸어도 자기의 주장만이 옳다고 생각하는 사람은 상사와 원만한 관계를 유지할 수 없다. 여러 의견에 겸허하게 귀를 기울여서 자기 자신이 변할 줄 아는 것이 중요하다.

적은 내 안에 있다

회사의 인사라는 것은 엄밀히 따지면 엉터리인 경우가 있다. 동기 중에도 일을 못하는 상사 밑에 능력 있는 부하가 있는 경우도 많다. 옆에서 봐도 무엇이 승진과 인사이동의 기준이 되는지 신기하게 생각될 때가 있는데 당사자들은 오죽하겠는가.

사장 아들이 돌연 회사에 입사해서는 갑자기 자신의 상사가 되는 경우도 있다. 아무것도 모르는 상사에게 불려가서 밤새도록 작성한 서류가 찢기거나 내동댕이쳐지는 수모를 당해도 섣불리 대들었다가는 이로울 것이 하나도 없다. 아무래도 한 마디 하고 싶으면 해고당할 각오로 말할 수밖에 없다. 이론만으로는 통하지 않는 것이 샐러리맨의 세계이다.

그러나 사장의 아들이라고 해서 모두가 반드시 사장이 되고 싶어하는 것은 아니다. 사장의 아들로 태어났기 때문에 어쩔 수 없이 가업을 이어야 하는지 모른다. 자기에게 실력이 없다는 것을 알면서도 주위의 기대에 어떻게든 부응하려고 하는 것이다. 직위가 무거운 압력으로 느껴져 숨막히는 매일을 어떻게든 살아 나가려고 한다.

직위에 걸맞은 능력이 따르지 않는다. 그것은 처음에는 모두가 마찬가지다. 승진 발령을 받았을 때는 기뻤을지 모르지만 그런 기분이 언제까지나 이어지는 것은 아니다. 급여 봉투의 두께에 걸맞은 일을 하지 않으면 언제든지 자신의 위치가 위태로워질 수 있다. 게다가 유능한 부하를 거느리고 있다면 오히려 더더욱 위기 의식을 느끼게 된다.

아부를 잘하는 사람이 출세한다고 생각한다면 자기도 상사의 마음에 들게 손을 비비면 된다. 명절 때는 물론 출장시에도 반드시 선물을 챙기고 사모님의 생일에는 꽃을 보내는 일들을 스스로가 할 수 있을지 생각해 보면 된다. 그러나 그렇게 해서 직위를 얻어내도 그것은 오래가지 못한다.

명함에 찍힌 직위라는 것은 자기의 실력보다도 조금 낮은 것이 좋다. 일을 진행시키는 과정에서 아무래도 직위가 필요하다면 상사를 잘 활용하면 된다. 주위에서 인정받는 일을 하고 있으면 가만히 있어도 직위는 높아지는 것이므로 위로 갔다 밑으로 갔다 하는 것에 너무 신경을 쓸 필요가 없다.

'버리는 자가 있으면 줍는 자가 있다'는 말처럼 버림받았다거나 구제받았다고 생각하는 것은 결국 자기의 기분 문제인 것이다. 자기가 놓인 입장이나 급여명세서에 대하여 불평불만을 하기 시작하면 끝이 없다. 그렇다고 갑자기 사장 자리를 부여받게 된다 해도 어떻게 해야 좋을지 당황하게 될 것은 뻔하다.

위로 올라가려는 에너지도 중요한 것이지만 그 이상으로 자신의 욕망을 조절할 줄 아는 것이 더 중요하다. 열심히 일하고 있다는 것은 잘 알지만 자신의 의견이 가장 바르다는 주장을 하거나, 자기 쪽이 다른 사람보다 훌륭하다고 생각하는 등의 치사한 견해로 자신을 바라보고 묶어 두는 것은 하지 않도록 하자. 일을 느긋하게 계속하고 있으면 자연스레 정리되고 얻어지는 것이 있게 마련이다.

2. 흘린 눈물만큼 성숙해진다

누군가가 책임을 져야 한다

회사를 둘러싼 분위기가 언제나 심각하다면 누가 상사가 되든 간에 목표를 달성할 수 없다. 부하의 엉덩이를 때리고 자극을 주는 말을 반복하고 가능한 한 손을 끌어도 안 될 때는 역시 안 되는 것이다. 소위 역부족이라는 말을 들어도 그 때는 할 수 없다. 그런 상황을 타파할 수 있는 사람은 많지 않다. 무리인 것은 역시 무리다.

거래처와의 트러블에서도 울고 싶지만 울지 못하는 경우가 있다. 상대 회사의 사정만으로 일방적으로 계약을 하거나 팔리지도 않을 상품을 산더미처럼 구매 강요받는 등 "정말 못하겠다"는 말이 나올 때가 있다. 그래도 상대방과의 관계를 생각해서 "알겠습니다"는 말로 받아들일 수밖에 없다. 불합리한 일이라는 생각이 들어도 가만히 머리를 숙여야 할 때가 어디 한두 번인가.

그런 것뿐만 아니다. 부하가 사고를 내서 회사에 손해를 입히면 틀림없이 상사는 거기에 대한 책임을 져야 한다. 횡령 등의 사건이 있다고 해도 일일이 확인할 수 없는 것이다. 자는 귀에 누군가물을 흘린 것처럼 아무리 변명을 해도 소용이 없는 경우가 있다.

회사라는 조직이 살아 나가기 위해서는 어디선가 마무리를 지어야 한다. 생각한 것처럼 이익이 나오지 않거나 시장 점유율이 급속히 떨어지거나 사원이 실수를 했을 때는 그에 부합된 이유가 반드시 있어야 한다. 어떻게든 설명을 하지 않으면 더욱더 불합리한 경우를 당하게 된다.

그럴 때 반드시 책임을 지는 사람이 바로 과장이나 부장 등의 중견 관리직이다. 경영진에 책임이 가지 않도록 비즈니스 현장의 리더들 차원에서 끝을 내야 한다. 좀더 비열하게 말을 하면 그것도 직위 수당에 포함되어 있는 것이다. 무엇인가 불합리한 결과가 생겼을 때 책임을 지는 것도 상사의 일이라는 것이다.

겉으로 웃고 속으로 웃고

그렇게 말은 하지만 회사도 바보는 아니다. 턱없이 문제가 있는 상사라면 망설이지 않고 해고를 하겠지만 대개의 경우는 한 번의 기회를 더 준다. 좌천이나 인사이동을 해서라도 회복할 수 있는 기회를 부여하는 것이다. 정말로 회사에 필요한 사람이라면 어디에 있어도 다시 일어설 수 있을 것이라고 믿고 있기 때문이다.

그럴 때일수록 정면 도전이라고 생각하면 된다. 사표를 내는 것은 간단하지만, 그럴 때 다시 시작할 용기가 없다면 아무리 전직을 해도 마찬가지일 것이다. 어디까지 견딜 수 있는지 자기 자신을 시험할 절호의 기회로 받아들일 수밖에 없다.

좌천을 하게 되면 주위 사람들은 하루아침에 표정을 바꾸고 싸늘해진다. 본사에서 멀리 떨어진 지방으로 전출될 때도 배웅하는 사람은 몇 사람밖에 없다. 경쟁자들 입장에서 보면 이런 샐러리맨의 송별회 등은 어떤 얼굴을 하고 있어야 할지 막막할 정도다. '군자는 위험한 곳에 가까이 가지 않는다'는 말은 샐러리맨의 상식이기 때문이다.

그럴 때일수록 인간적인 문제가 부각된다. 평소 별로 친하지 않은 동료로부터 "힘내!"라는 말을 듣거나 경원시하고 있던 상사에게서 "한잔하지!"라는 말을 듣는가 하면, 생각지도 않은 곳에서 눈물을 흘리는 일도 있다. 평소 존경하던 상사가 갑자기 멀게 느껴지거나 신뢰하던 부하와 시선도 안 마주치게 되기도 한다.

초고속으로 달리고 있을 때는 전혀 보이지 않던 풍경이 속도를 다소 늦추면 명확히 보이기 시작한다. 지금까지의 생각이나 사고 방식도 놀랄 정도로 달라진다. 자기에게 있어서 무엇이 가장 중요한지는 시궁창 속에 빠지고 나서 비로소 알게 되는 것이다. 머리로는 이해하고 있어도 한 번쯤 실패해 보지 않으면 그 사람의 아픔을 이해하지 못하는 것이다.

좌천되거나 강등되어도 그것으로 그 사람의 인생이 끝나는 것은 아니다. 어떤 일이 있어도 좌절하지 않고 긍정적인 자세로 살아 나가는 것이 중요하다. 태양이 또다시 떠오르듯이 기회는 다시 오게 되니까.

주어진 일에 정면으로 부딪쳐서 하루하루를 신중하게 지내면 자기에게 무엇이 부족했는지가 보인다. 좌천이나 강등의 진정한 배경을 냉정하게 분석할 수 있게 된다. 회사의 편의대로 이루어진 인사라고만 생각하고 있었는데 막상 알고 보니 자신의 일처리에도 문제가 있었다는 것을 알게 되면 어려운 체험도 헛되이 지나지 않게 된다.

일의 결과만이 중요한 것이 아니라 그것에 관련된 사람들의 의욕이나 정열이 재산이라는 것을 이해하게 되면 이제부터의 인생에 있어서 커다란 수확이 될 것임에 틀림없다. 이것은 돈으로는 살 수 없는 것이다.

좌천을 한 번도 경험하지 않고 세월을 보내면 정말 중요한 인생의 승부에서 반드시 어디선가 벽에 부딪친다. 사람의 냉정함과 따듯함을 잘 파악해 두지 않으면 사람을 진심으로 움직이지 못한다. 일부러 짊어질 필요는 없지만 받아들여야 할 역경이라면 기쁘게 받아들이는 것이 바람직하지 않을까.

3. 타인의 잣대로 자신을 측정하지 말라

■ '이겼다', '졌다' 떠들지 말라

인사이동 시기가 되면 아랫배가 꼭 아파온다. 경쟁자들의 직위가 어떻게 달라졌는지 아무래도 신경이 쓰인다. 아무리 자기가 승진하지 못해도 동기들 중에 움직임이 없으면 안심하게 된다. 누가 좌천되거나 하면 몰래 축배라도 들고 싶은 심정이 된다. 경쟁자들에게 뒤처지지 않는다면 그런 대로 견딜 만한 것이다.

그렇지만 이기고 지는 것이 세상이다. '저 사람에게만은 지고 싶지 않다'고 생각해 온 경쟁자에게 언제나 이길 수 있는 것은 아니다. 인사발령을 안 순간 벌레 씹은 얼굴이 되어 부하가 접근하기 어려울 정도로 불쾌한 기분이 되어 버리는 경우도 있다. 잘못하면 경쟁자가 직속상사가 되어 매일 머리를 숙여야 하는 경우가 생긴다.

조금 요령 있게 행동했으면, 상사에게 아부를 떨었으면 하고 이제 와서 아등바등해 보아도 소용없다. 한번 정해진 인사는 무엇이 있어도 본 상태로 돌아가지 않는다.

불평불만을 투덜투덜하면 할수록 회사에 대한 비판을 하는 것으로 낙인찍혀 스스로의 목을 조르는 것밖에 되지 않는다. 내가 다른 경쟁자보다 능력이 더 있다는 식의 표현은 절대 하지 않는 것이 좋다. 동료와 소곤소곤 이야기하고 있으면 나도 모르게 본심을 이야기해 버리고, 금세 사내에 소문으로 퍼지게 된다. 그렇게 되면 현재의 위치조차도 위태롭게 된다.

분한 기분이 드는 것은 잘 알겠지만 바로 그런 경우에 남자의 도량을 보여야 할 것이다. 가슴을 펴고 당당하게 경쟁자에게 악수를 청하면 된다. 그 정도의 배포가 없으면 부하도 주변 상황도 따르지 않는다. 한 번 실패를 재기의 새로운 원동력으로 활용하지 못하면 깨끗하게 그만두는 것이 좋다. 최후까지 자신을 믿을 수가 없다면 언제 어디선가 입장을 역전시킬지도 모른다.

시작할 때의 각오를 잊지는 않았는가

샐러리맨의 인생은 한 번의 승부로 끝나지 않는다. 막힘 없이 승진해서 간부 자리에 앉아도 그것으로 안심할 수 있는 것은 아니다. 사장에게 거슬려서 권고사직이 될 수도 있다. 프로젝트의 실패에 대한 책임을 물어 당황하게 되는 경우도 있다.

그런가 하면 아무런 실적도 없이 퇴직해서는 자신의 취미를 살려 독립하여 갑자기 두각을 나타내는 사람도 있다. 감원대상이 되어 전출한 회사에서 물을 만난 고기처럼 대활약하는 사람도 있다. 한 사람 한 사람의 가능성은 놓여진 상황이나 환경에 따라 크게 달라진다. 최후의 최후까지 무엇이 있는지는 알 수 없다.

그러나 실제 비즈니스 현장에서는 자신에 대한 일이 제일 보이지 않는다. 다른 사람의 시선이 신경 쓰여서 자신의 장점도 단점도 모르게 된다. 스스로는 적극적이라고 생각해도 상사에게 너무 나선다는 지적을 받으면 어떻게든 그것을 고치려고 한다. 자기 자신의 장점을 억지로 고쳐서 점점 무개성한 사람으로 변해간다.

자기 자신을 믿는다는 말은 멋있지만 승진발령을 내는 것은 내가 아니다. 직속상사의 마음에 들게 바꾸지 않으면 고집불통의 건방진 놈이라는 소리를 듣는다. 무리해서 자신을 지키기보다 상사가 바라는 대로 연출하는 것이 훨씬 효과적이고 편한 것이다. 하물며 경쟁자가 나를 앞서려는 마당에 나 자신을 지킨다는 것은 우스운 일이다.

상사에게 인정받고 싶은 마음에 몸도 마음도 소진해서 그러다가 싸울 기력도 없어져 간다. 회사가 명령하는 대로 시간을 보내 누구의 인생인지도 모르게 되어 버리면 그제서야 자기 자신을 찾고 싶어진다.

그러나 그 때는 이미 늦은 것이다. 나를 그렇게 만든 상사는 벌써 정년을 맞았고 이제 나에게 남겨진 시간도 별로 없다.

그렇게 되지 않기 위해서 스스로 인생의 핵심을 쥐어야 한다. 다른 사람의 잣대에 우왕좌왕하지 않고 자기의 테마를 정면에서 파악하는 것이다. 자기가 하고 싶은 것이 분명하다면 주위의 어떤 것도 신경 쓰지 않고 똑바로 진행시키면 되는 것이다. 그리고 나서 결과가 어떻게 되든 후회 같은 것은 절대로 하지 않는다.

제일선에서 열심히 일하고 있는 상사도 입사 초기에는 24시간을 긴장하여 들쥐처럼 뛰어다녔으며 불안한 기분으로 하루종일 지냈다. 가끔 상사나 선배에게 칭찬을 들으면 마음으로부터 기쁜 탄성이 나올 것 같았고 회사 내에서 자기 자신을 살리고 싶다는 생각을 하였다. 이러한 기분을 언제부턴가 잊고 지내고 있는 것뿐이다.

부하에게 위엄 있는 척하는 것도 중요하지만 명함에서 직위가 사라진 순간 우왕좌왕한다면 너무 비참하지 않은가. 위아래 큰소리로 자기 주장을 해 보아도 자기의 직위만을 무기로 삼고 있다면 얼마 가지 않아 사라진다. 어떠한 경우에도 정말로 강한 인간은 언제나 자기의 스탠스로 걷고 있는 것이다.

4. 좋아하는 일만 일이 아니다

적성은 일 속에서 만들어진다

입사시험의 난관을 돌파하여 겨우 샐러리맨이 되어도 모두가 희망하는 일을 할 수 있는 것은 아니다. 회사가 정하는 대로 나뉘어 원하지 않은 일로 매일을 보내는 사람도 있다. 사람과 만나는 것을 좋아하지 않는데 지방 영업소에 배속되거나, 숫자에 약한데 전표정리를 담당하게 되는 등 어느 회사에서나 흔히 볼 수 있는 일이다. 언제까지나 학생시절처럼 주어진 일밖에 하지 못하는 사람은 틀림없이 2, 3년 내에 회사를 그만둔다. 어디서 출발을 해도 그 곳에서 자기의 포지션을 만든 사람만이 명함에 직위를 새길 수 있는 것이다. 즉 자기가 처해 있는 현실을 잘 파악하는 사람만이 상사로서 인정을 받는다.

그러나 불행하게도 대부분의 사람들은 자기가 쌓아 놓은 업적에 집착한 나머지 그 곳에서 한 발자국도 움직이지 못한다. 10년 간이나 같은 일을 하고 있으면 누구나 그 일에 베테랑이 된다. 주위로부터도 나름대로 인정받고 자신이 생각한 대로 일을 추진할 수 있게 된다. 다양한 벽을 넘어서 겨우 손에 넣은 자신의 터를 그리 간단히 떠날 수는 없다.

더구나 직위가 생기면 신입사원처럼 처음부터 시작할 수는 없다. 어느 부서에 옮겨져도 마치 처음부터 그 부서에 있었던 것처럼 능숙하게 일을 처리해야 한다고 생각하면 막막한 기분이 된다. 지금의 일과 마찬가지로 잘해 낼 자신이 없고 견딜 수 없이 불안해진다.

그리고 인사이동은 언제 발령이 날지도 모른다. 내가 아무리 열심히 하고 있어도 회사에서 바라는 결과가 나오지 않으면 아무런 소용이 없다. 부하의 실책에 대한 책임을 물어 시말서를 쓰고 강등처분을 받는 경우도 있다. 그렇게 되면 더욱더 새로운 일에 익숙해지기란 어렵다.

미지의 가능성에 도전해 보자

좌천이나 강등까지 당하지 않아도 영업전선에서 10년이나 애써온 사람이 갑자기 총무과의 일을 하도록 명령받으면 그것만으로도 침체된다. 어제까지 열심히 외부로 돌았는데 오늘부터는 아침부터 저녁까지 책상에 앉아 있어야 한다. 점심시간이 가까워 오면 엉덩이가 쑤시고 좁은 방에 감금된 듯한 기분이 든다.

반대로 사무직에서 베테랑인 사람이 갑자기 기획일을 맡거나 하면 무엇부터 손을 대야 할지 당황스럽다. 기획의 소재를 찾아오라고 밖으로 내몰려도 멍청히 공원의 벤치에 앉아서 담배를 피우고 있다. 회사 내에서 책상 앞에 앉아 있지 않으면 땡땡이 치는 듯한 기분이 들어 견딜 수가 없다.

그런 사람들은 무슨 일이 있을 때마다 옛날을 그리워하면서 좀처럼 새로운 인간관계에 익숙해지지 않는다. 모처럼 술자리에 어울리게 되어도 입에서 나오는 말은 약한 소리뿐이다. 지금은 일을 잘 못하지만 스스로는 능력이 있다고 생각하므로 뒷구멍에서 딴전을 부리고 있다. 전에 하던 일로 돌아가면 금세 잘할 수 있을 것이라고 생각한다.

그러나 그것은 한 마디로 큰 착각이다. 아무리 회사의 사정으로 원치 않은 이동을 했다고 해도 그곳에서 주위를 납득시킬 결과를 내지 않으면 지금까지의 실적도 전부 헛수고가 된다. 웬만한 전문능력을 지닌 사람이 아니라면 현대의 샐러리맨은 종합력으로 승부할 수밖에 없다. 영업직으로서 실적을 웬만큼 올렸다고 해도 경리부에서 일을 전혀 못한다면 실격이다.

회사 입장에서는 그런 것을 잘 생각하고 있다. 박사학위를 가지고 있는 전문가나 천재적인 기획가는 좀처럼 인사이동의 대상이 되지 않는다. 그 장소를 철저하게 지키는 것이 그들이 회사를 위해 할 수 있는 최선책이므로 영업직이라면 업계에서 가장 많은 실적을 내지 않으면 아무도 전문가라고 생각하지 않는다.

거의 모든 샐러리맨은 이리저리로 움직여 조금씩 자신의 길을 구축해 나가는 것이다. 언제든지 자신이 좋아하는 일만을 할 수 있는 것은 아니다. 가끔은 잘 못하는 일을 맡게 되어 어떻게 하면 좋을지 모르게 된다. 자기가 잘하는 일을 하고 있을 때보다도 다른 사람의 힘을 빌리는 경우가 많아지고 부하의 마음을 조금씩 알게 된다.

일이 잘 풀리기만 했을 때는 결코 느끼지 못한 감정들이다. 익숙지 않은 일을 맡고 인생의 막다른 곳에 다다랐기 때문에 팀워크의 중요성이 느껴지는 것이다. 나 혼자서 일을 하고 있는 것이 아니라는 생각이 절실하게 든다. 그것을 이해하는 것만으로도 그 사람은 권위의식을 버렸다는 의미에서 큰 것을 얻었다고 할 수 있다.

새로운 일이 주어지면 지금까지의 경험을 잊은 셈치고 거기서부터 출발하면 된다. 회사로부터 급여를 받으면서 자기의 가능성에 도전할 수 있다는 것은 크나큰 행운이다. 겸허한 자세로 접하면 언제든지 자기를 키워 나갈 수 있다.

5. 충전기간에 무엇을 할 수 있을까 

일직선으로만 달릴 수는 없다

인성의 계단을 한 발자국씩 올라가서 순조롭게 자신의 지위를 구축한 사람이라도 반드시 어디선가 한 번은 막히게 된다. 이제까지 너무 서둘렀으니까 여기서 잠깐 쉬라는 의미에서 장애물이 존재하는 것이다. 여기서 잠깐 쉬어 가지 않으면 계단을 다 오르기 전에 지쳐 버린다. 어깨의 힘을 빼고 잠시 심호흡하는 여유가 필요하다.

그러나 계단 중간에서 힘을 너무 많이 빼면 큰일이다. 자기 자신은 잠깐 막힌 곳에서 한숨 돌리는 것으로 생각해도 언제부터인가 계속 주저앉아 있게 된다. 조금 더 느슨해지면 올라야 할 계단이고 뭐고 없어진다. 토끼와 거북의 이야기처럼 잠깐 조는 사이에 승부가 뒤바뀌어 결정되는 것이다.

숨이 끊어지도록 달려와서 갑자기 쉬게 되면 다시 한번 뛰고 싶은 마음이 생기지 않는다. 긴장의 실이 끊어져 신경이 느슨해진다. 한참 동안이나 자면 다시 달리기가 힘들어져서 거의 모든 사람들은 거기서 포기한다. 최후까지 달려야 한다고 생각해도 몸이 말을 듣지 않는다.

토끼도 '아이쿠, 이거 큰일이군!' 하고 생각했을 것이다. 앞서 달리고 있는 거북을 쫓아서 단숨에 달렸지만 어지간해서는 거리가 좁혀지지 않는다. 마음만 급하고 골인 지점은 다가온다. 내가 더 빠른데도 내가 가기 전에 경주는 끝이 난다. '이게 아닌데…' 하고 억울해 해도 때는 이미 늦었다.

샐러리맨의 인생은 자기가 일부러 브레이크를 걸지 않아도 반드시 어디선가 누군가에 의해 브레이크가 걸리는 법이다. 세상은 언제나 순풍에 돛단 듯 끝나지는 않는다. 그럴 때 푹 퍼져서 낮잠을 잘 것인가, 가볍게 워밍업을 지속하는가가 달리기에서 상당히 중요한 선택이 된다.

펀치 다음에 기회가 온다

도저히 이해가 가지 않는 지시를 받아서 기분이 언짢을 때는 몸도 마음도 충분히 쉬게 하는 것이 중요하다. 거기서 더욱 무리를 해서 힘을 내려고 해도 멀지 않아 긴장의 실이 뚝 끊어진다. 자기 자신에게 지쳐서 쓰러진다.

그럴 때는 위만을 쳐다보던 눈을 천천히 원 위치로 돌려 보는 것이 좋다. 무리한 자세를 그만두고 냉정하게 주위를 둘러보는 것이다. 처음에는 뭐가 뭔지 몰라 몸을 움직일 수 없지만 3개월 정도 지나면 점점 마음이 가라앉는다. 그렇게 되기까지는 휴식을 취한다는 기분으로 마음을 치유하고 기분 전환하는 것이 좋다.

일의 실적이나 능력뿐만 아니라 만나는 사람의 성격이나 장단점까지 객관적으로 자기 자신을 바라본다. 그렇게 하면 왜 역경에 처하게 되는지를 점차 알게 된다.

해고당하는 마당에 아무렇지도 않게 득의양양한 얼굴을 하고 있으면 주위의 누군가에게 제동을 당하는 것은 당연하다. 아무리 회사의 이익을 지키는 정론이라도 여러 사람 앞에서 상사의 의견을 철저히 논박하면 어느 섬으로 유배를 당할지 모른다. 좋은 결과를 냈다고 해서, 정론을 주장했다고 해서 모두가 인정받는 것은 아니다.

매출 그래프 곡선이 휘어지도록 매상을 신장시켜도 그 이상으로 성과를 올리는 경쟁자가 한 사람이라도 나타나면 톱세일즈맨의 자리를 지킬 수 없다. 타의 추종을 불허하는 완벽한 일처리를 하고 있어도 거래처에서 강하게 클레임을 걸거나 하면 이를 거역할 수 없는 것이 샐러리맨의 신세다. 일상 생활 속에서 함정은 도처에 널려 있다.

그것을 미리 알고 있다면 피해 갈 수 있겠지만, 다치지 않으면 상처의 아픔을 모르는 것처럼 사람은 누구나 겪어 보기 전에는 모른다. 중요한 것은 그 시점이다. 불운으로 여기고 포기할지, 다시 한번 시작할지, 그 순간의 대처로 인생이 결정된다. 성장할지

도태될지의 갈림길이 된다.

아무리 밑바닥까지 떨어졌다고 해도 회사에서 해고를 하지 않으면 언젠가 기회는 돌아온다. 그 때 싸울 수 있도록 자신을 단련해 두어야 한다.

지식을 늘리는 것도 중요하지만 그 이상으로 사람의 마음을 잘 살피는 것이 중요하다. 약한 입장에 있는 때일수록 인정에 좌우되는 경우도 많아진다. 그 사실을 잊지 않아야 한다.

샐러리맨은 몇 번이고 장애에 부딪치게 된다. 조바심을 내고 있는 것도 길어야 1년이고 꾹 참고 기다리는 것도 길어야 1년이다. 그 차이는 반드시 나타나게 되어 있다.

자기 자신을 망치지 말고 자중자애하며 열심히 일에 빠져 있으면 반드시 자기의 차례가 돌아온다. 다시 성공으로의 문이 열렸을 때 역경의 경험은 절대적인 힘이 된다.

6. 자신의 위치를 바르게 설정하고 있는가

■ 회사 내에서의 포지션을 알자

같은 과장이라도 제일선에서 진두지휘를 하는 사람이 있는가 하면 창가에 서서 하루종일 지내는 사람도 있다. 부문별 조정회의를 들여다보아도 활발하게 의견을 진술하는 사람 옆에서 졸고 있는 사람도 있다. 이론상으로 일에는 상하가 없는 법이지만 사실을 갈하면 좋은 일만 있는 것이 아니기 때문에 문제가 된다.

지방의 작은 영업소 과장이 본사의 계장을 방문할 경우에 어느 쪽이 위인지 모르게 된다. 가볍게 인사하는 계장 앞에서 몇 번이고 머리를 숙이는 과장이 있다. 불면 날아갈 것 같은 영업소 입장에서는 본사의 비위를 맞추는 것이 중요하다. 직함대로 "과장입니다" 하고 가슴을 펴고 있을 수만은 없다.

그런 사람이 있는가 하면 인사부나 조직의 중심 부서에 있으면 자신이 마치 간부나 되는 듯이 착각하고 있는 사람도 적지 않다. 평상시에 사장이나 전무로부터 가까운 인사를 받게 되거나, 회사의 기밀서류 또는 인사 파일을 처리하고 있을 때는 자신의 입장을 잘 모르게 된다. 언제부턴가 자기도 모르게 어깨에 힘이 들어가 있다.

언제나 뜨고 가라앉는 것을 반복하여 천국과 지옥을 왕복하고 있는 부서도 있다. 지금까지 없었던 히트 상품이 개발되거나 매상이 착착 신장될 때는 기획부나 영업부는 각광을 받지만, 회사의 목표가 달성되지 못하면 복도 구석을 조용조용 걸어다니는 신세가 되어 하루도 마음을 놓을 수 없게 된다.

무대 뒤에서 보조를 할 것인지, 무대 중앙에서 주역으로서 연기할 것인지는 자기가 결정할 수 있는 것이 아니다. 회사로부터 "하라"는 명령을 들으면 할 수밖에 없는 것이 샐러리맨인 것이다. 그만큼 자신이 놓인 입장과 상황을 잘 바라보아야 한다. 공격을 할 것인지, 수비를 할 것인지의 판단을 잘못하면 안 된다.

회사를 외부에서 바라보자

샐러리맨을 10년 정도 계속하고 있으면 자기의 회사에 아주 익숙해진다. 시계 바늘이 6시를 나타내면 동료들과 재빨리 한잔 걸치러 간다. 상사를 안주로 잔을 기울이고 회사 이야기를 꽃피운다. 가끔 돌아오는 휴일날 골프를 치러 갔을 때도 멤버는 모두 같은 회사의 동료들이다. 경기 도중에 정기 인사이동 이야기를 소곤소곤한다.

게다가 사내 결혼을 한 경우에는 집에 돌아와 옷을 갈아입을 때도 회사 이야기를 한다.

이처럼 아침부터 저녁까지 계속 회사에 묻혀 있으면 회사가 세상이라고 생각하게 된다. 회사 내에서의 인간관계가 잘 안 되면 세상 모든 사람들로부터 버림받은 느낌이 들게 된다.

그렇게 생각하면 자신이 처한 상황이나 입장을 바라보는 것은 그렇기 간단한 일이 아님을 알 수 있다. 거래처나 관련부서 사람들로부터 매일 칭찬만 듣고 있으면 누구나가 자기에게 능력이 있다고 착각하게 된다. 그 반대로 매일 꾸중만 들으면 자기를 형편없는 사람이라고 생각하게 되는 것은 무리가 아니다.

그럴 때는 과감하게 회사를 떠난다는 생각으로 자기의 회사를 객관적으로 바라보자. 업계에서의 위치나 경영분석도 중요하지만 그 이상으로 중요한 것이 사풍이나 경영방침이다. 어디에 가치 기준을 두고 어떤 인재를 필요로 하는가를 모르면 싸울 방법을 찾기란 어렵다. 공격도 수비도 할 수 없다.

보수적으로 전례를 답습하는 사람이 주를 이루는 회사에서는 새로운 계획을 계속해서 제기하는 사람은 눈에 가시처럼 보일 것이다. 반면에 활동적으로 다양한 사업전개를 시도하는 회사에서는 한 발자국씩 착실히 성과를 쌓아 올리는 사람은 느릿느릿 기어가는 거북처럼 취급당할 것이다. 어느 쪽이 올바른가의 문제가 아니다.

이상한 것은 보수적인 회사라고 생각해도 결정적인 순간에는

혁신적인 결단을 내고, 벤처 기업으로서 성공해온 회사라도 조직
이 커지면 체제를 굳혀 간다는 것이다. 회사가 놓인 상황에 따라
자기의 태도를 바꾸어야 하는 것이다. 회사 내부에서는 그런 것
들을 알 수 없다.

회사에 불어오는 풍향에 따라 주위에서 칭찬받던 사람이 갑자
기 해고되는 일도 있다. 회사의 구석에서 조용히 일하던 사람에
게 갑자기 스포트라이트가 비춰지는 일도 있다. 어느 쪽도 자기
의 회사를 냉정하게 보았다면 어떻게 대처하면 되는지가 보인다.
이것이 바로 유비무환(有備無患)이다. 미리 어떤 상황에 대비를
해 두었으면 큰 걱정이 없다는 말이다.

작은 병 속의 바람에 기뻐하고 슬퍼하기보다는 망망대해에서
어디에 위치하고 있는지를 아는 것이 중요하다. 만일 회사를 그
만두어야 하게 되었을 때 다른 세계에서도 통용되는 듯한 실력을
몸에 익혀 두는 것이다. 더구나 회사에서 무엇을 요구하고 있는
지를 이해하는 것은 회사가 필요로 하는 인재로서 반드시 살아
남는다.

7. 현재의 위치에서 전력 투구하자 

우물쭈물하면 아무 것도 되지 않는다

어느 한 부서에서 화려하게 대활약하던 상사도 다른 곳으로 옮기면 갑자기 힘이 빠진다. 부하들이 마련해 준 송별회에서도 나오는 것은 한숨뿐이다. 이 세상이 끝난 듯한 얼굴을 하고 누구에게나 푸념만 늘어놓는다. 그러다가 또 아무 말도 안 하고 술만 퍼마신다.

그런 밤은 아무리 마셔도 취하지 않는다. 부하나 동료와 헤어진 뒤에 동네 어귀의 술집에서 혼자 대포 몇 잔을 더 기울인다. 그런 다음 귀가하여 자기 방에 틀어박혀서 한밤중에 몇 번이고 사표를 쓰고 찢고를 되풀이하다가, 잠을 한숨도 못 이룬 채 아침을 맞이한다. 이런 경험은 샐러리맨들에게는 한두 번쯤 있는 일이다. 아무리 잘해 보려고 해도 인사명령은 잘 들어 주지 않는다.

그렇다고 여러 가지 불만을 말해 보아도 끝이 없다. 억울해 하면 할수록 주위의 빈축을 살 뿐이다. 깨끗하게 조용히 지시를 따르든지, 못마땅하면 회사를 그만두든지 샐러리맨에게는 둘 중에 하나를 선택하는 것밖에 없다. 이미 끝난 일을 언제까지나 투덜

투덜하고 있으면 지금까지 쌓아올린 이미지마저 무너진다.

어딘가 개운치 않은 기분이 남아도 새로운 직위의 명함을 받아들면 초심자로 돌아가서 출발선에 서는 것이 중요하다. 원래 직장의 소문 등은 들어도 못 들은 척하는 것이 좋다.

샐러리맨으로서 살아가는 것은 다른 방법이 없다. 여기서 힘을 내지 않으면 아무에게도 인정받지 못한다. 당연한 말이지만 회사의 인사는 완벽하지 않다. 왜곡된 것도 있고 엇갈린 것도 있다. 인간이 하는 일에 완전무결이라는 것은 없다. 자기에 대한 인사만이 잘못되어 있는 것이 아니다. 아무래도 납득하기 어려우면 자신의 진가를 회사가 다시 볼 수 있도록 기회를 만드는 수밖에 없다. 이를 위해서 가장 필요한 것은 현재의 포지션에서 확실한 결과를 내는 것이다.

█**모**█두들 필사적으로 헤쳐 나가고 있다

잊어서는 안 되는 것은 자기가 평사원이 아니라는 것이다. 인사이동이 마음에 안 든다고 휘청거리고 있으면 부하는 어찌할 바를 모르게 된다. 이전의 부서에 너무 집착하여 항상 비교하고 있다면 어떤 부하라도 열심히 일하려는 마음이 없어진다. 입에서만 리더십을 발휘해도 그것은 통용되지 않는다.

누구나 불평불만은 한두 가지씩 있다. 제1지망의 회사에 들어

가지 못하고, 희망한 대로 일을 못하고, 그래도 필사적으로 좋은 결과를 내고자 하는 것이 대다수의 샐러리맨이다. 잘 나가는 경쟁자를 곁눈으로 보면서 '나라면 더 좋은 성과를 낼 수 있을텐데…' 하고 속으로 생각하고 있다.

그런 진심을 한 사람 한 사람이 숨기지 않는다면 회사라는 조직은 하루도 조용하지 않을 것이다. 야구시합에서 모두가 4번 타자라고 생각한다면 아홉 사람이 모여도 야구 팀을 만들 수 없다. 어디선가 누군가가 참아야만 수습이 된다.

그런 것쯤은 말하지 않아도 알 수 있다. 그러므로 해가 들지 않은 구석에 있어도 자기가 하고 있는 일이 역할을 하고 있다고 생각하고 마음에 결단을 내리고 매일을 살아가야 한다. 마운드에 서고 싶다고 생각해도 감독이 라이트를 지키라고 말하면 자신의 수비범위에서 팀에 공헌해야 한다. 공이 한 번도 오지 않아도 할 수 없는 것이다.

그럴 때 투수 출신의 코치가 다가와서 "라이트는 지키지 않아도 게임의 흐름에 아무런 관계가 없다"고 말한다면 쉽게 잡을 수 있는 외야 플라이라도 실책하여 못 잡을지 모른다. 그렇지 않아도 외야수비 코치가 라이트를 전혀 보려고 하지 않고 마운드에만 눈을 주고 있으면 야구를 하는 것이 싫어진다.

직위가 생기면 언제나 부하의 시선을 느끼고 있어야 한다. 상사가 마음속 어딘가에서 일을 경시하거나 하면 그런 마음이 행동이나 태도로 묘하게 나타나서 부하는 자기들이 경시되고 있다고 받아들인다. 따분한 일을 하고 있다고 생각하여 회사에 대하여 불신감을 가질지도 모른다. 그렇게 되면 상사로서는 끝장이다.

한 마디로 딱 잘라 말하는 것이 아니라 어떤 일에도 전력을 기울일 필요가 있는 것이다. 자기가 싫다고 생각하는 장소에서도 꾸준히 살아 나가는 사람들이 있다. 본사에서 멀리 떨어진 작은 영업소에서도, 출세 코스에서 동떨어진 부서에서도 열심히 노력하고 있는 부하가 있다. 그런 그들의 상사로서 어떻게 행동하느냐가 중요한 것이다.

음지에 옮겨졌다는 생각이 들면 자기 힘으로 양지를 찾아갈 정도의 마음을 가져야 한다. 한두 사람의 부하를 핵심 부서로 옮겨 줄 수 있는 정열이 필요하다. 성실하게 지금의 일에 열심히 하고 있으면 보는 사람은 반드시 있게 마련이다. 언젠가 기회도 돌아온다. 포기해 버리면 거기서는 아무 것도 생겨나지 않는다.

8. 도망 치지 말 것, 지지 말 것, 좌절하지 말 것

'어차피'라는 말을 입에 올리지 말라

거래처에서 걸려 온 클레임 전화를 겨우 처리하고 한숨 돌리고 있으면 담당이사로부터 반드시 호출이 온다. 똑바른 자세를 흐트리지 않고 1시간이나 설교를 듣고 있으면 아무리 둔한 사람이라도 신경이 바짝 곤두서게 되어 있다. 그렇지만 상대의 직위를 생각하면 반발을 할 수도 없다.

하물며 담당간부가 예전의 경쟁자이기라도 하면 점점 더 비참해진다. 처음에는 상대방의 말 한 마디 한 마디를 듣고 있다가도 나중에는 무슨 말이든 상관없는 기분이 된다. 일 이야기는 벌써 오른쪽 귀에서 왼쪽 귀로 흘러나간 지 오래고 상대방과 자신의 입장 차이만이 머리 속에 선명하게 인식된다.

평상시라면 아무렇지도 않게 듣고 넘길 수 있었던 일들도 그럴 때 꼬장꼬장 따지는 것을 들으면 마음에 와서 꽂힌다. 그저 그 장소를 떠나고 싶은 마음만 간절할 뿐이다.

'당신은 중역이고 나는 과장에 불과하다. 그런 식으로 말하면 뭐하는가. 어차피 일이 이렇게 됐는데…'라는 말이 목구멍까지 올라온다. 그러나 주먹을 꽉 쥐고 절대로 그런 말을 해서는 안 된다. '어차피'라는 말을 하기 시작하면 눈앞에 있는 상대방과의 커뮤니케이션이 끊어질 뿐 아니라 자기 스스로의 가능성을 뿌리째 부정하는 것이 된다. 언제나 '어차피'라는 말 뒤에는 부정적인 말이 이어지기 때문이다.

한번 '어차피'라는 말을 하게 되면 스트레스 해소는 될지 모른다. 책임소재를 세상으로 돌리고 스스로를 방관자의 입장에 두게 된다. 마음은 알지만 그 다음에는 더욱더 기분이 나빠질 뿐이다. 스스로의 가능성을 믿고 있는지 아닌지가 드러난다.

진정으로 열려 있는가

그래도 일을 하다 보면 앞으로 나갈 수도, 뒤로 물러설 수도 없는 진퇴양난(進退兩難)의 경우가 생긴다. 이런 사면초가의 상황이 되면 정신을 바짝 차리지 않으면 해고될 수도 있다. 안 되는 경우에는 안 된다는 각오로 자신이 믿는 길을 똑바로 걸어 나가는 것이 때로는 필요한 경우도 있다.

품안에 사표를 숨기고 주위의 잡음에 전혀 신경 쓰지 않고 열심히 가능성을 향해 달린다면 최상이지만 그런 것은 누구나 할 수 있는 일은 아니다. 자기도 모르게 자기 자신에게 관대해져서 지금의 위치를 지키는 것에만 치중한다. 아무리 그래도 인간은 스스로를 가장 사랑한다. 기껏 애써 쌓아 올린 실적을 뺏기고 생활의 기반을 흔들릴 수는 없다고 생각한다.

그러나 엄밀히 말하면 그렇기 때문에 궁지에 몰리는 것이다. 회사에서 해고당하면 어떤가. 찾아보면 일할 곳은 얼마든지 있다. 열심히 노력만 하면 돈이라는 것은 돌고 돌아서 오게 되어 있다. 처자식을 먹여 살리는 정도는 어떻게든 된다.

거리로 나앉지 않는 한 사는 곳도 이 정도면 충분하다. 다른 사람의 이목을 아무리 신경 써 보았자 사람들은 의외로 무관심하다. 그런 것에 얽매여 있으면 재기할 수 없게 된다. 모든 것을 버려도 후회하지 않을 정도로 극복하려고 하는 신념이 없으면 절대로 성공은 보장되지 않는다.

주위의 차가운 시선에 신경이 쓰여서 어중간하게 일어서려고 하면 진심인지 폼만 잡는 것인지 정도는 신입사원의 눈에도 보인다. 사표를 낼 마음이 전혀 없으면서 낸다고 하면 3개월도 지나지 않아 아무도 상대하지 않게 된다. "출세 따위엔 흥미 없어" 하고 허세를 부려도 술에 취하면 금세 앓는 소리나 해댄다.

샐러리맨이 터놓고 문제를 제기한다는 것은 자기 혼자서 회사를 상대로 싸운다는 것을 의미한다. 웬만큼 강한 승산이 없으면 싸움을 시작해서도 안 된다. 아무리 비참한 꼴을 당해도 계속해서 싸울 수 있는 것은 자기가 옳다고 확실히 말할 수 있기 때문이다. 회사로부터 해직당해도 상사의 눈을 똑바로 쳐다보고 "그동안 감사했습니다" 하고 조용히 머리를 숙일 수 있는 자신이 있기 때문이다.

극한의 역경에 처했을 때 자신의 가능성을 믿을 수 있는 사람만이 진정한 재기를 할 수 있다. 한숨 섞인 목소리로 '어차피'를 연발하는 사람은 절대로 일어설 수 없다. 아주 작은 기회라도 놓치지 않고 최후의 최후까지 포기하지 않고 도전해 나가면 반드시 어디선가 운이 따르게 되어 있다.

어떤 상황에 놓여도 긍정적으로 살아 남고자 하는 것이 중요하다. 지진이나 화재나 천재지변이 닥쳤을 때 모든 것을 잃었다고 고개를 떨구느냐, 목숨만은 건졌다고 용기를 내느냐가 인생의 중요한 분기점이 된다. 성공하느냐 못하느냐는 종이 한 장 차이로 정해지는 것이다.

9. 인생의 승부가 무엇인지 정확히 알아라

무사태평 상태에선 막이 열리지 않는다

아무런 문제 없이 조용히 매일을 지내고 싶어도 일단 직위가 생기면 트러블은 부르지 않아도 찾아오게 되어 있다. 사내에서 의견이 팽팽하게 대립되거나 거래처와의 교섭이 잘 되지 않는 등의 일은 어느 회사에서나 흔히 일어난다. 이럴 때 맨몸으로 최전선에 보내지는 것은 언제나 직함이 있는 사람들이다.

처음부터 관계된 문제라면 대응방법도 해결책도 어느 정도 보인다. 그런데 도저히 손을 쓸 수 없을 정도로 일이 꼬인 후에 새파랗게 질린 부하로부터 보고를 받았을 때는 조용한 마음으로 결단을 내리는 것 말고는 달리 할 일이 없다. 누군가가 책임을 져야 한다면 상사로서 자기가 받아들일 수밖에 없기 때문이다.

그래도 업무상에서 일어나는 문제라면 납득이 간다. 그러나 도저히 용납되지 않는 것을 예로 들면, 부하가 술자리에서 모르는 사람을 때렸다거나 교통사고 가해자가 되어서 수습이 필요하다거나 하는 등 회사 일과는 전혀 상관없는 장소에서 부하에게 발목을 붙들리는 것이다. 그럴 때는 본인이 응분의 처분을 받는 것은 물론이고 틀림없이 상사에게도 알게 모르게 감독책임이 뒤따른다.

　상사라는 입장이 괴로운 것은 아무리 조심을 하고 있어도 부하 수만큼의 폭탄을 안고 있다는 점이다. 평소 품행이 방정하고 우수한 사원이라고 생각하고 있었는데 아무런 사전보고도 없이 무단결근을 하곤 한다. 알고 보니 은행에서 돈을 빌리고는 연체되어 집에도 들어가지 못하고 배회하고 있었다. 이런 일을 상사가 어떻게 알겠는가.

　회사 입장에서 보면 일단 일어난 문제는 어디선가 마무리를 지어야 한다. 일에 손실을 입혔을 때도, 사원에게 불상사가 생겼을 때도 누군가가 책임을 져야 한다. 그럴 때 타깃이 되기 쉬운 것이 부장이나 과장이라는 현장의 중견관리직인 것이다.

최후에 기댈 수 있는 것은 자신뿐이다

　회사라는 조직 속에서 일단 직위가 생기면 무슨 일이든 일어날 수 있다고 생각하는 것이 좋다. 이삼십 년을 열심히 일했는데 상사에게 조용히 불려 가 회사를 그만두어야 하는 사람도 있다. 어느새 파벌 싸움에 휘말려 관련회사의 촉탁으로 전출을 가게 되는 사람도 있다.

　일을 열심히 하고 있어도, 인맥을 잘 타고 있다고 생각해도 어디서 그물에 걸릴지 모르는 일이다. 정말 불행한 이야기지만 모두가 정직하게 살고 있는 것은 아니기 때문이다. 다른 사람을 중상모략하는 것을 삶의 낙으로 알거나 쓸데없는 소문에 민감한 사람들은 주위에 널려 있다.

더구나 직위가 무거워지면 달콤한 유혹의 손이 뻗친다. 웬만큼 스스로를 잘 정리하지 않으면 상사의 곁다리로 무거운 책임을 지게 되거나 스캔들에 휘말리는 등 난처해지는 경우가 수없이 많다. '이 정도쯤이야…'라고 생각하고 있으면 더욱더 깊은 수렁에 빠져 버린다.

그것뿐인가 두드려 보고 건넌 다리도 중요한 순간에 문제가 발생하거나, 병에 걸려 전선에서 이탈하거나 하면 회사에서 경원시해도 뭐라 한 마디도 할 수 없다. 무리하고 또 무리해서 일을 계속해도 일 중간에 쓰러지면 장기간 입원을 할 수밖에 없게 된다. 그런 웃지 못할 이야기가 자기 자신에게도 일어날지 모른다.

극단적으로 말하면 길을 가다가도 재수가 없으면 유탄에 맞는다. 자기 방에서 자다가도 트럭이 뛰어드는 일이 있다. 근거도 없는 소문에 휘말려서 인생이 망쳐지는 일도 있다. 이런 일이 허다하기 때문에 두려운 것이다. 내리막길에서 한번 넘어지면 점점 더 가속이 붙어 멈출 수 없게 된다.

그럴 때일수록 어디에 발을 디디느냐가 중요하다. 어딘가에 몸을 기대 서 있으려고 해도 대개는 물에 떠다니는 지푸라기를 잡게 된다. 자신의 양발에 힘을 주어서 땅을 꽉 디디지 않으면 언제까지나 미끄러져 내려갈 것이다. 잘 다져진 인간관계도, 그 동안 잘 쌓아 올린 일의 실적도 정작 어려움에 처했을 때는 아무런 도움이 되지 못한다.

모두를 잃어 버린 후에도 자기 혼자서 끝까지 싸우고자 하는 마음이 있으면 역경을 이겨 낼 활력은 생겨 난다. 얻어맞고 차이고 몸도 마음도 엉망이 되었을 때 어디까지 자신을 믿느냐 하는 것이 진정한 승부인 것이다. '나는 죽지 않았다'고 이를 악물 수 있을 때는 얼마든지 기회가 찾아온다는 것을 잊지 말아 주었으면 한다.

그러나 끝까지 철저하게 당했을 때는 꼬리를 감추고 삼십육계를 놓는 것밖에는 방법이 없다. 자신이 놓인 상황을 긍정적으로 보는 것도 중요하지만 뿌리째 뽑히고도 아무런 반응을 보이지 않는다면 투쟁방법조차도 잊어 버리고 만다.

이런 미묘한 균형을 재면서 인생의 승부처를 혼돈하지 않도록 하는 것이 샐러리맨으로서 성공하느냐 못하느냐의 분기점인 것이다.

《사기(史記)》는 중국 전한(前漢) 때의 역사가인 사마천〔司馬遷 : B.C. 145(?)~B.C. 86(?)〕이 10여 년이라는 세월을 두고 완성한 중국의 대역사서다.

사마천은 47세까지 순조롭게 살았으나 그의 절친한 친구인 리릉(李陵) 장군이 흉노와의 싸움에서 패하여 포로가 되고 정치적 위기에 몰리자 리릉을 감싸려고 한 때부터 그는 역경에 처하게 되었다.

황저의 분노를 사 역적으로 몰린 사마천은 궁형(宮刑)에 처해져 남성의 상징을 잘리고 굴욕과 고뇌의 나날을 보내며 생애를 마치게 된다. 그것은 번뇌의 수준을 넘어선, 인간으로서는 상상하기 어려운 형벌이었다. 그러나 바로 그 점이 사마천과 범인(凡人)과의 차이점이라 할 수 있다. 그는 이러한 역경을 뛰어넘어 그 고뇌의 에너지를 모두 쏟아 부어 세기의 대작이라고도 할 수 있는, 약 2천 수백 년에 걸친 중국의 역사서인 《사기(史記)》 130권을 완성해냈다. 이것은 사마천 자신의 원념(怨念)의 반영이라고도 볼 수 있다.

역대의 거물이나 현자뿐만 아니라 자객이나 도적 등 역사의 뒤안길을 살아온 사람들의 이야기에까지 조명하여 인간이 엮어 내는 드라마를 빠짐없이 그려냈다.

《사기(史記)》 중에서도 70편의 '열전(列傳)'은 특히 인간 냄새가 난다. 그는 여기서 당대 영웅호걸에 대하여 매우 냉소적인 시선을 보내고 있으며, 밑바닥을 살고 있는 사람들에게는 따뜻한 시선을 보내고 있다. 사물을 바라보는 눈이 일반 정사(正史)에서처럼 일방적이지 않다. 정(靜)에서 동(動)으로의 역전이나 빈부와 귀천의 대조가 기가 막힌 재미를 준다.

기업을 하든 국가를 경영하든 뜻이 있는 모든 분들이 한번 관심을 가져 볼 만한 책이다. 샐러리맨에게 놓인 역경 정도는 사마천에 비하면 아무 것도 아니라는 생각으로 책장을 넘기면 자기도 모르게 의욕이 생길 것이다.

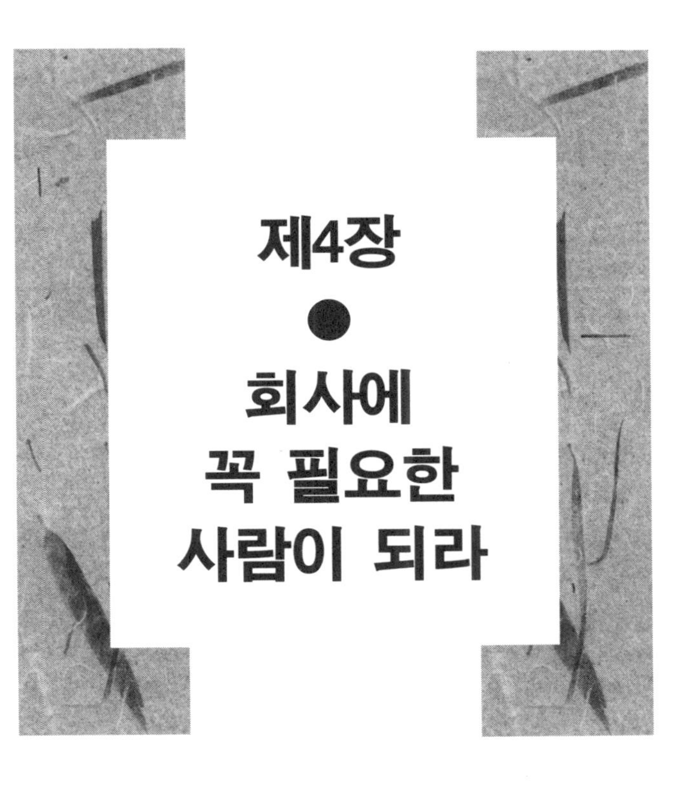
제4장

●

회사에
꼭 필요한
사람이 되라

1. 가로 · 세로 · 대각선의 인간관계

 한 발짝 물러서서 상대방의 입장을 생각해 보라

평사원일 때는 겸손하다는 평을 듣던 사람도 직위가 높아질수록 점점 콧대가 높아진다. 거래처 담당자나 주위의 부하직원들이 추켜올려 주고 높여 주는 동안 자기가 어떤 사람인지를 모르게 된다. 회사에서 동료와 마주쳐도 상대방이 먼저 인사하기를 기다린다.

그러면서 회사 실력자의 모습을 보면 50미터 앞에서 달려 와서는 몸이 직각이 되도록 인사를 한다. 상사가 어쩌다 술자리에 부르거나 하면 무슨 일이 있어도 꼬리에 붙어서 따라간다. 뭐가 즐거운지도 모르면서 정말 재미있다는 표정으로 시간을 함께 보낸다. 간부급 사람과 함께 있다는 것을 보여 주고 싶기 때문이다.

이런 사람일수록 부하에게는 엄격하다. 언제나 자신의 직위를 무기로 부하를 복종시키려고 한다. 일에는 아무런 상관도 없는 사소한 실수라도 발견하면 꼬치꼬치 따지고 들어서 부하를 코너로 돌고 간다. 부하가 아침에 5분이라도 지각하면 1시간 이상 설교를 한다.

직위가 지니는 위세를 너무 과대평가하면 한 사람 한 사람의 얼굴이 희미하게밖에 보이지 않는다. 직위가 높으냐 낮으냐에 따라 상대방의 모든 것을 평가하기 때문이다. 상사에게 굽신거릴수록 부하에게는 까다롭다.

모두가 인연이 있어 한솥밥을 먹는 사람들이 되었으니 자신의 직위만을 의식하지 말고 한 발자국 물러서서 상대방의 입장을 곰곰이 생각해 보자. 누구나 지켜야 할 생활이 있고 양보할 수 없는 가치관이 있다. 그런 당연한 사실도 외면하게 되면 인간관계는 틀림없이 깨어지게 되어 있다.

자연스러운 것이 가장 강하다

샐러리맨이 직위를 갖고 싶어하는 것은 계장보다는 과장이, 과장보다는 부장이 큰 일에 도전할 수 있다고 생각하기 때문이다. 어려운 목표를 향해서 필사적으로 달라붙을 수 있는 것도 자신의 가능성을 최대한 끌어내어 조금이라도 높은 위치를 손에 넣음으로써 자신의 꿈에 조금이라도 가까워질 수 있을 것이라고 생각하기 때문이다.

실제로 지시받은 대로만 움직이는 사람은 샐러리맨으로서의 보람이 없다. 아무리 많은 봉급을 받아도 자기다운 일의 스타일을 인정받지 않으면 얼마 안 가서 숨이 막힌다. 무엇 때문에 지식이나 경험을 축적해 왔는지 자기 스스로 혼란스러워진다.

그렇게 생각하면 샐러리맨에게 정말로 필요한 것은 명함에 새겨진 직위가 아니라 자신이 하고 싶은 일을 생각한 대로 충분히 할 수 있는 환경이다. 흔히들 그것이 잘 안 되니까 자꾸 직위에 의존하게 되고 목적과 수단의 주객이 전도되어 직위가 모든 것이라고 생각하게 된다.

그런가 하면 상사보다 일을 더 잘한다는 소문이 나거나 혼자서 회사일을 책임지고 있다고 착각하고 있는 사람은 아무래도 주위 사람들을 경시하게 된다. 상대의 입장을 무시해도, 회사의 규칙을 일탈해도 결과만 좋으면 된다고 생각한다. '실력만 있으면 다른 사람들이 어떻게 생각하건 상관없어' 하고 아무렇지도 않게 직위 따위에는 등을 돌리게 된다.

그렇지만 그런 사람은 속으로는 직위에 신경이 곤두서 있다. 자신의 실력이 정당하게 평가받지 못하고 냉대받고 있다고 생각하기 때문에 회사의 인사에 반발하는 언행을 반복하는 것이다. 그러나 이렇게 잘난 척하다가도 정말 좋은 기회가 왔다 하면 마음이 흔들리고, 그제서야 한번 뱉은 말은 돌이킬 수 없다는 것을 알고 후회하게 된다.

당연한 이야기지만 자기가 하고 싶은 일을 하기 위해서는 주위의 협력이 필요하다. 부하가 정말 열심히 일해 주어서, 상사가 아무 말없이 일을 맡겨 주어서, 동료가 기분 좋게 지원해 주어서 소기의 목표가 달성되어 간다. 혼자서 직위를 내세워 힘써 보아도 아무 것도 할 수 없는 것이 샐러리맨의 세계다.

직위라는 것은 결과에 대하여 붙어 오는 것이다. 억지로 높은 직위에 올라가도 실력이 따르지 않으면 고생만 할 뿐이다. 오히려 주위에서 지지를 받아 조금 느지막이 승진을 하는 것이 일을 확실하게 할 수 있다. 동료들 중에서 항상 선두를 달리고 있어도 골인 지점에서 테이프를 맨 먼저 끊는다는 보장은 없다. 인생이란 그런 것이다.

상대의 입장이 위거나 아래거나 같은 태도로 접하는 것이 중요하다. 윗사람에게는 겸허한 자세로 경의를 표하고 아랫사람에게는 친절한 마음으로 감싸 안아 주어야 한다. 어깨에 힘을 줄 필요도 없고 비굴해질 필요도 없으며 누구에게나 자연스럽게 대하는 것이 균형 잡힌 인간관계를 만드는 포인트가 된다.

 2. 직속상사의 오른팔이 되라

상사는 라이벌이 될 수 없다

경험이 쌓이고 직위가 생기면 직속상사를 보는 눈도 냉정해진다. 마음속으로부터 존경할 수 있는 상사를 만난다면 샐러리맨에게는 복권에 당첨된 듯한 행운이지만 그렇게 될 수만은 없기 때문에 문제다. 일할 마음이 전혀 없는 상사라도 부하가 해고를 할 수는 없는 것이다.

제일선에서 일을 억척스럽게 하는 상사라도 자기와 궁합이 맞지 않으면 문제다. 확실한 자신감을 가지고 오른쪽으로 가자고 제언해도 상사가 한 마디로 잘라 왼쪽으로 갈 것을 명령한다. 모든 각도에서 검토해 보아 후퇴밖에 생각할 수 없는 상황에서도 상사가 총공격의 명령을 하면 옥쇄의 각오로 돌진할 수밖에 없다. 나만의 판단으로는 움직일 수 없다.

조금이라도 연장자인 상사라면 배워 나갈 수도 있지만 자기와 나이가 같은 상사에게는 강한 경쟁심리가 작용하게 된다. 자기가 납득하지 못하는 결단을 내리고 일이 잘 되지 않으면 같이 책임을 지게 되다니 말도 안 되는 소리다. 상사의 발목을 잡고 늘어져도 자기만은 살아 남아야 한다고 생각한다.

모든 부하가 보고 있는 앞에서 감정적인 말을 하거나 직속상사를 거치지 않고 회사에 의견서를 제출한다거나 아무리 다양한 기획을 해도 생각한 대로 좋은 결과는 나오지 않는다. 기껏해야 인사부로 불려 가서 경고를 받는 것이 고작이다.

아무리 상사의 위치에 있어도 상사가 필요할 때 응분의 역할을 하지 않으면 부하의 미래는 열리지 않는다. 상사가 역부족이라고 생각한다면 보좌를 잘하는 것이 부하의 일이다. 상대방의 자존심에 상처를 내지 않고 잘 돕는 것을 못한다면 자신도 인정받지 못한다. 그것을 못한다면 샐러리맨으로서의 자격이 없다.

■ 작은 자존심에 연연하지 말라

자신의 손으로 상사를 성공시키려고 생각해도 상사가 나를 신뢰하지 않는다면 아무 소용이 없다. 조금이라도 상대방을 얕보는 태도를 보이거나 상사의 방침에 반발하는 마음이 남아 있으면 인간관계는 잘 되지 않는다. 자신의 능력을 상사에게 인정받으려고 하기 전에 상대방의 뛰어난 점을 잘 확인하는 것이 중요하다.

그러나 이것은 상당히 어렵다. 아무래도 자신의 기준으로 상대방을 평가하게 되고 상사의 결점만이 눈에 띈다. 상사로부터 지시를 받을 때도 마음속에 반발심을 품고 있으면 상사도 부드럽게 말을 하지 못한다. 그러다가는 상사에게 한 대 얻어맞을지도 모른다.

냉정하게 생각해 보면 곧 알겠지만 회사는 나보다는 상대방에게 상사라는 직위를 부여하였다. 지식이나 경험뿐만 아니라 처세술이나 인맥 등 샐러리맨으로서의 모든 면에서 나보다는 한수 위에 있는 것은 틀림없다. 아무리 손을 비벼서 출세한 상사라도 직위를 얻은 것만으로 재능이 있다. 우습게 보면 당하기 마련이다.

그럴 때는 너무 논리적으로 나가지 말고 한번 바보가 되어 본다. 상사를 평가하는 것을 그만두고 나 자신은 뒤로 미룬 채 상사를 위해서 무엇을 할 수 있는지만을 생각해 보는 것이다. 상사가 왼쪽으로 가자고 하면 왼쪽으로 가고 오른쪽으로 가는 것을 잊어버리면 된다. 그렇게 하지 않으면 아무 일도 할 수 없다.

상사를 보좌하는 부하의 역할은 왼쪽으로 가는 진로를 오른쪽으로 바꾸는 것이 아니다. 왼쪽으로 가는 중의 장애물을 조금이라도 제거하고 가능하면 효율적으로 진행하도록 준비를 갖추는 것이다. 상사가 총공격의 명령을 하고 있는데 철수하는 것을 생각하고 있으면 이길 수가 없다. 어떻게 하면 적진 깊이 침투할 수 있는지를 철저하게 추궁하는 것만이 최선이다.

좀처럼 움직이려고 하지 않는 상사라도 책임소재가 부하 쪽에 있다는 것을 분명히 밝혀 두면 때로는 효과적이다. 일이 잘되면 상사의 수완이고 잘못되면 부하가 책임진다는 것을 알면 아무리 몸을 사리는 보수적인 상사라도 일에 뛰어들 것이다. 그 정도의 리스크를 각오하면 상사도 부하를 믿어 주게 될 것이다.

그 일의 결과로 아무 것도 하지 않은 상사에게만 스포트라이트가 비추어 지고 자신은 무대 뒤의 사람으로 끝난다 해도 그것은 그것으로 어쩔 수 없지 않은가. 회사에 이익이 되게 하고 열심히 동기 부여를 한 사람을 회사는 다 알고 있다. 설령 그렇지 않다고 하더라도 비즈니스를 성공적으로 이끈 체험은 자기 자신에게 큰 재산이 된다.

당장 눈앞의 이익만을 생각하지 말고 상사의 주머니에 이익이 되는 일을 한다. 어중간한 자존심 같은 것은 버리고 성심 성의껏 직속상사에게 헌신해 본다. 그렇게 하면 상사도 결코 나쁜 감정을 품지 않는다. '잘 부릴 수 있는 사람'으로 신용하게 된다. 일단 그렇게 되면 상사를 움직이는 것은 시간문제다.

3. 부하의 실수를 어떻게 받아들이는가

■감싸 주는 것만이 전부가 아니다

부하가 어려운 문제에 빠져서 우왕좌왕하고 있으면 하던 일이 무엇이든 간에 멈추고 곧바로 달려가는 것이 상사의 일이다. 힘이 미치지 않은 부하를 감싸서 상대방을 설득하지 않으면 회사의 신용도 떨어지게 된다. 사방팔방으로 활약해서 상사의 면목을 지키지 않으면 다른 부하라도 안심할 수 없다. 아무리 혼란스러운 아수라장이라도 바로 이런 자리가 수완을 보일 수 있는 가장 좋은 기회다.

어떻게든 위기상황을 넘어서 긴장을 늦추고 싶어도 이것으로 모든 처리가 끝난 것은 아니다. 부하로부터 구체적인 보고를 받고 상사의 할 일을 해야 한다.

사실을 사실로 설명하는 것만이라면 누구나 쉽게 할 수 있지만 중요한 것은 부하의 실수를 어떻게 받아들이는가, 그리고 이것을 어떻게 전달하는가이다. 그에 따라 뉘앙스는 묘하게 달라진다. '제가 잘 지도하지 못했습니다' 하고 멋있게 말하고 싶은 것은 알지만 모든 책임을 혼자서 뒤집어쓰는 것이 언제나 올바른 것이라고 할 수는 없다.

실수의 원인을 철저히 밝혀서 부하의 행동을 냉정하게 판단하지 않으면 같은 실수를 몇 번이고 반복하게 된다. 부하를 위해서 감싸고 있다고 생각해도 편애하고 있다는 인상을 준다.

그렇다고 부하에게만 책임을 지워서 자기는 모르는 척 발뺌한다면 상사로서의 자격이 없는 것이다. 부하의 능력이나 경험을 바탕으로 책임소재를 명확히 하는 것이 중요하다. 부하를 감싸려면 뒷일까지도 책임을 져야 한다. 언제까지나 감싸고만 있으면 부하에게 결코 도움이 되지 않는다.

상사에게 보고를 잘 마쳤으면 부하에게 실수의 원인과 결과를 자각시키는 것이 무엇보다도 중요하다. 그럴 때 부하의 두 눈에서 눈물이 흐를 정도로 엄격하게 대하는 상사를 만난 사람은 반드시 샐러리맨으로서 훌륭하게 성장해 나간다.

썩은 사과는 따 내라

주위에 폐를 끼치는 실수를 해도 태연자약하는 부하가 있다. 자기가 저지른 실수가 원인이 되어 전원이 남아 철야근무를 해야 하는 사태가 벌어져도 아무 생각 없이 정시에 퇴근한다. 이럴 때는 정말 감정적이 되어 큰 소리로 야단을 치게 되는데, 그러면 팽하고 회사를 나가거나 다음날 우편으로 사표를 보내거나 한다.

그런가 하면 자기가 저지른 실수는 차치하고 상사의 지시가 틀린 것이라고 말하는 부하도 있다. 아무리 알아듣게 이야기해도 뺀들뺀들 도망 다닌다. 그래서 강한 어조로 한 마디 하면 이번에는 갑자기 정색을 한다. 아무리 시간을 두고 이야기를 해도 자기의 잘못을 인정하려고 하지 않는다.

상대가 신입사원이라면 몇 번이고 반복해서 지도할 수밖에 없다. 직장인으로서의 기초지식이나 비즈니스 매너의 기본을 다양한 각도에서 조금씩 이해시켜 가는 것이다. 학생시절에 태평스럽게 지낸 버릇을 갑자기 바꾸지 못해서 당황해 있었던 것이니까 천천히 곱씹듯이 가르치면 점점 샐러리맨답게 되어 간다.

그런데 3년 정도 세월이 지난 부하라면 달콤한 표정으로 상대해서는 안 된다. 이런 부류의 사람들은 주어진 일도 제대로 하지 못하면서 편히 회사에 매달릴 생각만 하고 있다. 아침부터 저녁까지 회사에 묶여 있는 것이 급여를 받을 수 있는 이유라고 착각하고 있는 것이다. 이런 사원만 있다면 회사는 멀지 않아 문을 닫게 될 것이다. 그것보다도 무서운 것은 고지식하게 일하고 있는 부하의 눈이다.

'아무리 실수를 해도 쉽사리 책임을 벗어날 수 있다면 아무도 고생해서 열심히 그리고 정확하게 일하려 하지 않을 것이다. 규칙위반이 안 되는 아슬아슬한 곳까지 가도 지시받은 것만 어떻게든 해결하면 된다….'

이런 식으로 생각하는 부하가 한 사람이라도 있다면 모두가 동

조해 버린다. 무엇보다도 '대충대충 일을 하는 동료를 위해서 왜 우리가 토요일, 일요일까지 일을 해야 하는 건가', '마지막으로 책임을 지는 것은 상사니까 오늘은 하루쯤 빠져 나와도 되겠지' 하는 말을 들어도 할말은 없다. 구제불능인 부하를 방치해 두면 일을 열심히 하는 부하의 신뢰를 한번에 잃을 수도 있다.

본인이 상사의 말을 외면하고 다시 시작하려는 마음이 없다면 철저하게 책임을 추궁해야 한다. 일에 대한 자세가 갖추어지지 않았다면 사표를 요구하는 강한 태도로 임할 수밖에 없다. 주위의 다른 부하가 보고 등골이 오싹하도록 정면으로 대결하는 것도 회사에서 요구하는 상사의 중요한 역할인 것이다.

상사가 부하의 실수를 감싸는 것은 부하의 안색을 살피기 위해서가 아니다. 실수를 접어 두어도 남아 있는 부하의 가능성을 믿기 때문이다 ─ 적어도 그렇게 믿어야 한다.

자신의 실수를 겸허하게 반성하지 못하는 부하라면 빨리 포기하는 것이 서로를 위해서 좋다. 지금 있는 회사에서 다시 시작할 수는 없어도 다른 회사에서라면 다시 시작할 수도 있기 때문이다. 또한 그런 부하보다도 열심히 성실하게 일하는 부하를 소중히 해야 하기 때문이다.

4. 격전장에서 적에게 등을 보이지 않는다

실력만으로는 살아 남을 수 없다

계장이 되면 과장을 목표로, 과장이 되면 부장을 목표로 언제나 위를 향해 신경을 쓰지 않으면 현재 자신의 위치조차 지키지 못하는 것이 샐러리맨이다. 많은 경쟁자를 제치고 겨우 직위를 얻게 되어도 거기서 게으름을 피우면 한순간에 뒤떨어진다. 그것이 싫다면 이를 악물고 계속 노력하는 수밖에 없다.

그러나 아무리 열심히 일해도 생각한 대로 잘 되지 않는 것이 인생이다. 주변의 모든 사람이 인정하는 실적을 올려도 중요한 직속상사가 인정하지 않으면 승진인사는 없다. 뿌리도 근거도 없는 소문이 한 걸음 더 진행되어 자기도 모르는 사이에 밖으로 몰리는 경우도 있다

어느 회사의 조직을 보아도 일의 실적과 직위는 묘하게 어긋나 있다. 일만 고지식하게 열심히 하는 사람이라고 해서 모두 쉽게 승진하는 것은 아니다. 다크호스라는 평을 받던 사람이 어느새 경쟁자를 앞서기도 한다. 제한된 직위에 많은 사람이 몰리기 때문에 전략이나 책략이 나오는 것은 어쩔 수 없다.

특히 자기가 해온 일에 자신이 있는 사람일수록 다른 사람의 시선에 무방비 상태가 되어 있다. 주위의 의혹은 조금도 신경 쓰지 않고 목표를 향해서 일직선으로 치닫게 된다. 그러나 조금 멀리 돌아가더라도 자기 편을 만들어 가는 것이 모두에게 지지를 받을 수 있는 기회가 넓어지는 것인데도 그것이 잘 안 되기 때문에 문제가 생긴다.

자기가 하고 싶은 말을 꿀꺽 삼키고 상사나 부하를 치켜세워 주는 것도 샐러리맨에게는 없어서는 안 될 능력이다. 이론적으로는 옳다는 것을 알고 있어도 상대의 감정을 거슬러서까지 주장을 하면 통할 수 있는 것도 통하지 못하는 것이 샐러리맨의 세계다. 좋은 결과를 내는 것은 중요하지만 불도저처럼 무엇이든지 밀어붙이면 누구나 그 사람 곁을 떠나게 된다.

■ 싸움을 하려면 철저하게 싸워야 한다

잘 드는 칼일수록 칼집에 잘 넣어 두어야 하는 것처럼 상사로서의 기량은 그것이 확인되는 중요한 시점에서 이용해야 한다. 일이 생길 때마다 칼을 휘둘러서 자신의 힘을 과시하면 초반에 끝나 버린다.

조직 속에서 직위가 높아질수록 칼을 뺀 후의 종말까지도 잘 생각해서 웬만한 일로는 쉽게 칼을 빼서는 안 된다. 그러나 중요한 순간에 칼이 녹슬어 있어서는 아무 소용이 없다. 결정적인 순간에 칼을 버리고 도망 가는 상사를 안심하고 따라가는 부하는 한 사람도 없다. 스스로 문제를 일으킬 필요는 없지만 벌어진 싸움에는 뛰어들어야 할 때가 있다.

누군가와 정면으로 부딪칠 것 같은 기분을 느끼면 우선 냉정하게 자신이 올바른지를 확인해 보아야 한다. 만약 자신이 틀렸다면 아무리 심한 말을 들어도 순화시켜 받아들여야 한다. 질 것이 뻔한 싸움은 할 필요가 없다. 자기의 능력을 솔직하게 인정하고 겸허하게 반성하는 것이 가장 좋다.

그러나 객관적으로 어떻게 생각해도 자기에게 틀린 것이 없을 때는 한 발자국도 물러서지 않는 각오로 철저하게 싸워야 한다. 직위가 있는 사람이 싸움을 할 때는 부하에게도 영향을 미친다. 파도가 일어나는 것이 두려워서 상대방의 주장을 가만히 받아들이기만 한다면 점점 더 일을 하기가 어려워질 뿐이다. 부하에게도 당연히 피해가 간다.

싸움을 할 때는 의연한 태도로 정론을 주장하고 상대방이 끼어드는 것을 용납하지 않는 것이 철칙이다. 상대가 상사나 거래처라면 기가 죽게 마련이지만 한 번이라도 부당한 요구를 받아들이면 상대는 더욱더 조여 온다. 한 발자국도 물러서지 않을 기세를 나타내지 않는다면 처음부터 싸움 따위는 하지 않는 것이 좋다.

부하와 싸울 때도 상대가 마음에 든다거나 안 든다거나 개인적인 선호 등의 쓸데없는 이유로 주장을 펴는 것은 정말로 어리석은 일이다. 자신의 입장을 지키지 않으면 일이 잘 풀리지 않을 때만 잘 갈고 닦아 놓은 비장의 무기인 칼을 뽑으면 된다.

경우에 맞지 않는 불평 불만이나 상사의 비판을 그대로 받아들이면 부하에게 본보기가 되지 않는 것은 물론이고 일에 대한 동기 부여도 줄 수 없다. 샐러리맨이 싸움을 하는 것은 언제나 어려운 상황을 타파하기 위해서다. 걸린 덫을 벗어나서 보이지 않는 적과 싸우며 일관성 있게 일을 간파하고 싶어서다.

결과에 따라서는 깊은 상처를 받기도 하고 강등이나 좌천의 처분을 받는 경우도 있다. 최악의 경우에는 회사를 그만두어야 할지도 모른다. 그래도 끝까지 싸울 자세가 필요하다.

평상시는 온화한 얼굴을 하고 있어도 결정적인 순간에는 도깨비 같은 형상이 된다. 이런 맺고 끊음이 없으면 주위에서도 관심을 갖지 않게 된다. 중견간부 위치에서 권위의식을 내세워도 중요한 순간에 꼬리를 감추고 도망 가면 약한 개가 짖는 정도로 취급당한다. 싸워야 할 때는 죽을 각오로 덤벼들어야 살아 남을 수 있다.

5. 거래처의 신뢰를 얻을 수 있는 방법 

접대만으로는 통하지 않는다

산 사람의 코도 베어 가는 비즈니스 현장에서는 어떻게든 경쟁자의 코를 베지 않으면 살아 남을 수가 없다. 모든 수단을 동원해서 어떻게든 거래처의 마음에 들게 하려고 애를 쓴다. 술집에서 예쁜 여자를 옆에 앉히기도 하고 일류 골프 코스에 초대해서도 눈치를 본다.

그러나 그런 것으로 상대는 함락되지 않는다. 접대로 친해진 거래처의 경우, 경비를 어느 정도 쓰고 있는지를 살펴보는 사람도 있다. 그렇지 않더라도 매일 접대에 시달리면 대부분의 사람들은 질려 버린다. 상대방의 인정을 받고 싶으면 접대만으로는 불가능하다.

거래처와의 인간관계에 한발 앞서려면 접대는 피해서는 안 되는 커뮤니케이션 수단이지만 그것만으로 상대의 신뢰를 얻을 것이라고 생각한다면 큰 착각이다. 술을 마시고 노는 것으로 비즈니스의 결과가 좌우된다고 생각하여 상대방을 우습게 보면 큰 코 다친다. 접대는 어디까지나 옵션이라는 생각을 하지 않으면 경비를 물쓰듯 쓰는 결과밖에는 아무 것도 남지 않는다.

샐러리맨의 일의 승부는 비즈니스 현장에서 결정될 수밖에 없다. 상대 회사의 이익을 제일로 생각하고 담당자의 입장을 지킬 수 있도록 하는 것이 결국은 자기 회사의 이익으로 연결된다. 어제 저녁 눈알이 튀어나올 정도로 비싼 술을 먹여도 다음날 비즈니스 테이블에서 설득을 못했다면 회사와 회사가 악수하는 일은 절대로 없다.

접대에서 쓰는 돈도 회사의 경비이고 상대가 납득할 만한 데이터를 준비하는 것도 역시 회사의 돈을 써야 한다. 양쪽 모두 중요하지만 주객이 전도되면 마침내는 상사로서의 자격에 경종이 울리게 된다. 공을 들여서 단기간에 결단을 내려고 하면 자신의 몸을 망치는 결과만을 초래한다. 이것은 정말 어리석은 일이다.

거짓말을 하지 않는다, 약속을 지킨다

상대방도 자기 자신도 샐러리맨이고 그것을 잘 인식하고 있다면 거래처로부터 신뢰를 얻는 방향으로 일을 진행시켜야 하는 것은 틀림없는 사실이다. 낮에 일을 잘해야만 밤에 마시는 술도 맛이 난다. 서로가 충분히 이익을 얻어야만 커뮤니케이션도 잘된다. 자기 회사의 이익만을 상대방에게서 빼앗으려고 해도 그렇게 쉽게 되지는 않는다.

때로는 자기 회사의 이익을 희생해도 거래처 담당자가 사내에서 스텝업하기 위해서는 조금이라도 도움이 되려는 마음이 필요하다. 상대의 직위가 높을수록 자연히 일하기 쉬워지므로 대출혈을 하면 그만큼의 보답이 있을 때도 있다. 그렇기 때문에 무리하고 싶어지는 때도 있다.

그렇다고 자기 혼자의 판단으로 폭주를 하면 이것도 저것도 안 될 때가 있다. 파격적인 가격의 요구에 고개를 끄덕여도 회사에서 GO사인을 주지 않는다면 그 이상 아무 것도 할 수 없는 것이 샐러리맨의 세계다. 상대방 담당자의 입장을 생각하지 않고 무리한 말을 하면 두번 다시 얼굴도 내밀 수 없게 된다. 아무리 머리를 숙여도 이미 끝난 이야기다.

단순한 이야기지만 되는 것을 '된다'고 말하고 안 되는 것을 '안 된다'고 말하는 것, 그것이 여간 어려운 일이 아니다. 경쟁사의 동향을 살짝 들여다보거나 하면 갑자기 참을 수가 없게 되어 저돌적으로 돌진하고 싶어진다. 자기 회사에 돌아와서 통하지 않을 듯한 조건을 자기도 모르게 '됩니다'라고 억지를 쓰면서까지 수주하고 싶은 생각이 든다.

적극적인 의욕만은 높이 사지만 직위가 있는 사람이 이런 일을 한다면 나중에 매우 부끄러워진다. 자기가 신용을 잃는 것은 물론이고 회사의 평판도 땅에 떨어진다. 목전의 이익이 아무리 크게 느껴져도 해서는 안 되는 일은 절대로 해서는 안 되는 것이다.

그렇지 않으면 '거짓말을 했다'는 소리를 들어도 할 수 없다.

거래처의 눈앞에서 이룬 약속은 무슨 일이 있어도 지켜야 한다. 아무리 회사에서 고립되어도 상대의 신뢰관계를 지키는 것이 더욱 중요하다. 아무래도 자기 회사를 설득하지 못할 때는 직속 상사에게 사표를 내고 거래처에 사과할 정도의 각오가 필요하다. 그 정도의 성의가 없으면 세상은 용서하지 않는다.

그게 싫으면 무리를 하지 않는 것이 좋다. 허세를 부리면 궁지에 몰리게 된다. 이런 상황에서 대역전을 시키겠다느니 하는 허황된 꿈을 꾸면 억지만 늘 뿐이다. 비즈니스란 단칼에 끝나는 것이 아니라는 것쯤은 스스로도 잘 알 것이다.

과장이 되면 과장대로, 부장이 되면 부장대로 자기가 놓인 위치를 잘 파악해야 한다. 직무권한의 범위를 잘 알아서 YES, NO의 경계선을 명확하게 해야 한다. 거래처와의 관계도 장기적으로 생각한다면 그렇게 당황할 필요가 없다. 할 수 있는 일만을 해 나가서 그것이 축적되면 언젠가는 신뢰관계가 구축되어 갈 것이다.

6. 경영 비전의 올바른 해법

■ 어디를 향해 가고 있는가

회사가 감원을 하고 있을 때 전국적인 판매 캠페인을 기획해도 어지간해서는 결재가 나지 않는다. 회사가 시장점유율 확대를 제일 과제로 삼고 있을 때 비용절감을 위해 접대비를 재검토하려고 해도 잘못하면 빈축만 산다. 아무리 올바른 소리라고 생각해도 회사가 그리고 있는 비전과 거리가 있으면 통하지 않는다.

그런데 직위가 생기면 아무래도 자기의 경험에 집착하게 된다. 영업부에서 판매신장을 위해 뼛골 빠지게 일해 온 사람은 그것만이 회사를 성장시키는 원동력이라 믿고 있다. 경리부에서 경비삭감을 실천해 온 사람은 그것만이 회사의 이익을 증대시키는 지름길이라고 생각한다. 일을 잘한다는 소리를 듣는 사람일수록 완고하여 자신의 의견을 굽히려 하지 않는다.

회사를 책임져 왔다는 자존심이 높은 만큼 자신의 영역을 침해받지 않으려는 마음이 있는 것은 알지만 그것은 너무나도 좁은 생각이다. 경영의 입장에서 자신의 일을 바라본다. 사소한 일에 얽매이지 말고 자신을 살리는 가능성을 큰 시야에서 살펴본다는 시점을 가져야 한다.

사소한 일로 어깨의 힘을 빼면 객관적인 상황이 보이지 않게 된다. 업계 속에서 위상을 살리는 일이나 업계의 동태 등은 사내 보의 문구에서도 읽을 수 있다. 공격을 할 것인지, 수비를 할 것인지의 기본적인 방침을 알아 가는 것만으로도 어떻게 입장을 취해야 하는지가 미묘하게 변한다. 한 발자국 물러서서 찬찬히 회사 전체를 검토하는 것이 중요하다.

샐러리맨은 누구나 회사라는 배에 같이 타고 있다. 아무리 힘을 과시해도 배가 침몰해 버린다면 모두가 익사한다. 거친 바람에 돛대가 부러질 것 같을 때는 선장이나 기관사 할 것 없이 전원이 일체가 되어 배를 지키는 것밖에는 방법이 없다. 그 때 가장 중요한 것은 무엇보다도 배를 침몰시키지 않는 것이다.

■최고 경영자의 결단은 무겁고 엄격하다

잊어서는 안 되는 것은 언제든지 회사라는 배는 풍파에 흔들린다는 것이다. 키를 한순간이라도 잘못 잡으면 언제든지 난파될 수 있다. 끝없는 대해를 항해하고 있는 한 배가 크든 작든 이 사실은 변함이 없다. 최종적인 결단을 내리는 선장의 양 어깨에는 승무원 전원과 그 가족의 인생이 무겁게 걸려 있다.

평소에는 느긋하게 있어도 최고 경영자의 입장은 위기상황에서의 각오를 언제나 가지고 있다. 각고의 노력에도 불구하고 회사가 도산하면 자신의 집뿐만 아니라 회사에서의 직위까지 모두 빼앗기는 것은 물론이고, 차마 견디지 못하는 경우에는 목숨까지도 건다. 회사를 이끌어 간다는 것은 그 정도로 중대한 결단인 것이다.

회사의 경영방침을 이해하려면 이러한 배경을 잘 알아 두는 것이 중요하다. 목전의 이익이나 손실만으로 사장은 움직이고 있는 것이 아니다. 하물며 자신의 취향만으로 인사를 좌우하는 일은 절대 없다. 5년 후, 10년 후의 비전을 잘 파악하여 무슨 일이 있어도 회사를 무너뜨리지 않기 위한 포석을 마련하려고 한다.

그러나 실제로 사장님들을 가만히 보면 회사 경비로 즐기거나 개인적인 인사로 회사를 이용하는 등 샐러리맨으로서는 도저히 이해가 가지 않는 경영자가 수두룩한 것도 사실이다.

그러나 아무리 싫은 꼴을 보아도 회사를 책임 지는 강도에서는 도저히 이길 수 없다.

사장이 고급 외제차를 타고 다니거나 외아들에게 간부 자리를 주어도 경영에 영향을 미치지 않는 범위라면 신경을 쓰지 않는 것이 좋다. 인사가 공정하게 이루어지지 않아도, 거래처와의 관계가 조금 부조리해도 일의 흐름이 원활하다면 불평을 하지 않는 것이 좋다. 그런 곳에 눈을 돌리느니 자신의 머리 위에 있는 파리를 쫓는 것이 좋다.

　이론만을 말한다면 주주가 선택한 사람인 한, 또 회사가 쓰러지지 않는 한 사장은 무슨 일을 해도 허락이 된다. 뇌물사건에 휘말려도, 스캔들에 휘말려도 주주가 퇴진을 요구하지 않으면 사장의 자리에 있을 수 있다. 세상의 눈을 피해서 사장이라는 자리는 내놓아도 오너로서 실권을 쥐고 놓지 않는 사람도 있다.

　그래도 회사가 쓰러지지 않는 것은 세상에서 필요로 하기 때문이다. 마이너스 부분을 커버할 수 있는 커다란 플러스가 있기 때문이다. 어떤 때는 정말 한 마디 하고 싶은 때가 있겠지만 자신이 사장이라면 어떻게 행동할 것인지, 다양한 시뮬레이션을 만들어 전개해 보아야 한다.

　그렇게 하면 어떤 경영자라도 사리사욕만으로 결단을 내리는 일조차 회사를 위태롭게 하는 직권남용을 하는 것이 아니라는 것을 금세 알 수 있을 것이다.

　비판은 언제든지 할 수 있다. 그러나 술 한잔 마시는 정도의 여유를 가지고 경영방침의 장점을 파악하는 것이 필요하다. 이러한 시점에서 보면 자신이 무엇을 할 것인지가 보일 것이다.

7. 조직의 역학을 철저하게 살린다

둘이 모이면 파벌이 된다

샐러리맨의 직위는 일을 잘하느냐 못하느냐만으로 정해지지 않는다. 별다른 실적을 남기지도 않은 사람이 출세를 하는가 하면, 자타가 공인하는 실력가인데도 직위가 올라가지 않고 정년을 맞곤 한다. 운이나 실력만으로는 끝나지 않는 비정함이 어느 회사에나 있다. 어디서나 결과만 좋으면 그만이다.

강한 경쟁자가 나타나도 같은 대학을 나온 선배나 같은 고향 출신의 상사가 있으면 걱정 없다. 눈치를 잘 살피면 뒤를 잘 돌봐줄 것이다. 의지하고 있는 상사나 선배가 승진을 하면 자기도 함께 올라간다.

바로 이러한 사고방식이 파벌의 온상이 된다.

그러나 경쟁자 쪽에 자기 쪽보다 강한 상사가 있다면 소용이 없다. 아무리 열심히 해도 중요한 자리는 항상 뺏긴다. 회사의 주류에서 밀려나면 기회가 돌아오지 않는다. 파벌의 상사가 정권을 뺏지 않는 한 무대 뒤에서 일생을 마치게 된다. 상사의 역학관계에 따라 자기의 장래도 정해지는 것이다.

앞에서는 어느 회사에서도 '파벌은 없다'고 말한다. 그러나 본심은 파벌 내의 인간관계만을 믿고 있다. 파벌의 보스 입장에서 보면 상당히 위태로운 전략을 전개하거나 합법과 위법의 아슬아슬한 경계선을 밟으면서 일발역전의 승부를 걸려고 할 때 마음속에서 신뢰할 수 있는 부하가 필요하게 된다.

샐러리맨의 일이라는 것은 한 사람만으로 실현되지 않는 것이므로 이러한 시스템도 부정하지 못하는 부분이 있다. 자본주의의 사회 속에서는 무엇보다도 경쟁에서 이기지 않으면 개인도 쉽게 무너진다. 고상한 체하는 것만으로 끝나는 세상이 아니다. 그러므로 어떻게든 살아 남을 장소를 찾으려고 하는 것이다.

■재립할 수 있는 존재감을 나타낸다

마음으로부터 존경할 수 있는 상사가 있으면 자신의 인생을 걸어 보는 것도 나쁘지 않다. 벽에 부딪쳐서 고민이 생기면 상담하고 일에 대한 생각을 확인하고 자신이 해온 것을 겸허하게 재검토할 수 있다. 상사가 걸어온 길을 그대로 밟으면 보다 큰 일에 도전할 수도 있다. 자신을 성장시키는 기회가 된다.

그 과정에서 상사의 도움이 되고 싶다고 바라는 것은 샐러리맨으로서는 지극히 당연한 것이다. 신뢰할 수 있는 상사를 성공시키는 일이라면 누구나 고생을 마다 않고 애쓸 수 있다. 그것이 설령 파벌이라는 이름으로 불린다고 해도 전혀 신경이 쓰이지 않는다. 자신의 의지를 분명히 함으로써 오히려 동기 부여도 된다.

그러나 여기서 주의해야 할 것은 자신의 시야를 좁히지 않는 것이다. 존경할 수 있는 상사가 유일무이하다고 생각한 나머지 주위에 대하여 강한 견제의식을 갖게 되면 자기가 어디에 있는지를 모르게 된다. 호랑이의 위엄을 빌리는 여우처럼 되어 버리면 끝장이다. 이 때 상사가 정말로 일을 잘하는 사람이라면 멀지 않아 이런 부하를 대단한 짐으로 여길 것이다.

자신의 인생을 건다는 것은 자신의 모든 것을 맡기는 것이 아니다. 상사가 깔아 놓은 레일 위에 타고 판단을 정지해버리는 것도 아니다. 때로는 상사와 정면으로 대립하고, 때로는 상사로부터 차가운 시선을 받으며 그래도 뿌리 깊은 곳에서 강하게 묶여 있으면 되는 것이다. 서로가 자립하지 않으면 지속되지 않는 것이 인간관계이다.

하물며 존경할 수 있는 상사라는 것은 좀처럼 쉽게 만나지지 않는다. 대단한 일도 하지 않는 주제에 상사의 위세만을 부리는 사람이라도 열심히 그 자리를 지켜야 하는 것이 샐러리맨의 숙명이다. 그것을 못한다면 회사라는 조직에서는 살아 남을 수 없다. 직위가 붙고 나서 섣불리 허세를 부리면 결과적으로는 상대방이 나를 쓰러뜨리게 된다.

주위의 힘을 잘 활용하여 일의 핵심을 쥐는 것이다. 비즈니스 현장을 움직이는 핵심인물이 되면 어떤 상사라도 관심을 안 가질

수가 없다. 직위의 힘을 정확히 파악하여 부하의 능력을 최대한으로 이끌어 내어 회사 속에서 입장을 굳히는 것이 필요하다. 자신의 출세만을 생각하면 일의 핵심은 결코 쥘 수 없다.

존경할 수 있는 상사와 일을 할 때도, 싫은 상사와 일을 할 때도 자신을 지탱해 주는 것은 부하라는 것을 명심해 두어야 한다. 부하들의 신뢰를 얻지 못한다면 상사로서의 자신의 가치는 확실히 없어진다. 파벌 정도가 아니고 자신이 앉아 있는 의자도 언제 치워질지 모르는 판이다.

역설적으로 들릴지 모르나 조직의 역학을 철저하게 활용하고 싶다면 위뿐만 아니라 아래를 잘 보고 일을 해야 한다. 회사가 정한 것을 통달하는 것뿐만 아니라 자신의 주관이 있는 상사가 되지 않으면 부하는 절대로 따르지 않는다. 파벌에 꼬리를 치고 있는 것만으로는 100년이 지나가도 회사를 움직이는 핵심인물이 될 수 없다.

8. 코스트를 바탕으로 한 비즈니스 전략을…

정부는 맞는데 돈이 모자란다

회사라는 조직에서는 아무래도 행동력이 큰 사람이 폭이 넓어진다. 꼼꼼하게 성과를 올리는 것보다는 크게 한 건 올리는 것이 주위에서 일을 잘하는 것으로 인정을 받는다. 작은 목소리로 소곤소곤 옳은 의견을 말하는 것보다 큰 목소리로 눈에 띄는 것이 일을 잘하고 있는 것처럼 보인다.

2억 원의 비용을 들여서 5억 원의 매상을 올리는 것과 8억 원의 비용을 들여서 10억 원의 매상을 올리는 것 중 회사에서 어느 쪽을 바라는 것인지는 모른다. 매상이 필요한 것인지, 이익을 중시하는지는 각각의 회사가 놓인 상황에 따라 달라지기 때문이다. 경영이 언제까지 순이익의 폭만을 요구하는 정도로 그리 단순한 것은 아니다.

하물며 비즈니스의 현장에서는 매상이 크면 클수록 활력이 붙는다. 아무리 경비가 들어도 그런 것은 아무도 모른다. 경리부에서 경고를 받아 머리를 숙이는 것은 부하가 보지 않는 곳에서 살짝 하면 된다. 매일 밤마다 중요한 거래처를 접대하고 새벽까지

토할 정도로 술을 마셔도 계약을 해주지 않으면 아무런 소용이 없다.

그러나 그런 방법이 허락되는 것도 매상이 경비를 앞설 때만 가능한 것이다. 매상과 경비의 관계가 역전되면 아침부터 밤까지 땀 흘리고 돌아다녀도 자신의 뼈와 살을 뜯어먹고 장사하는 꼴이 된다. 그렇지 않아도 매상을 늘리려는 마음이 너무 지나쳐 약속어음만 늘어난다면 회사의 자금 순환이 위태로워지는 것은 당연한 이야기다.

공적만을 노려 거래처를 가리지 않고 매상을 걸어 마침내는 부도어음을 쥐고 울면서 지방의 작은 영업소로 보내진다. 박리다매(薄利多賣)도 좋지만 최후의 최후에 이익을 손에 넣지 않으면 회사에 공헌하고 있는 것이 아니다. 위험을 무릅쓰고 모험을 해서는 안 된다. 돈을 벌면서 꾸준히 벌어들일 수 있는 준비작업을 하지 않으면 안 된다.

균형감각을 연마하라

그렇다고 안전한 매상만을 지향한다면 언제까지나 회사는 성장의 기회를 잡을 수 없다. 결정적인 승부를 걸지 않으면 멀지 않아 빈약해진다. 전례를 밟고 있는 것만으로는 시대의 파도에 밀려나게 된다. 구사일생의 투쟁방법을 택하지 않으면 전망이 없다.

그럴 때 가장 중요한 것은 싸울 수 있는 만큼의 양식을 축적해 두는 것이다. 아무리 원대한 계획을 세워도 정작 중요한 에너지가 없다면 아무런 소용이 없기 때문이다. 이것은 비단 돈이야기만을 하는 것이 아니다. 확실한 실적을 쌓아 두지 않으면 아무도 신뢰해 주지 않으므로 원대한 계획도 허풍으로 끝난다. 신뢰를 축적하지 않으면 아무 것도 아닌 것이다.

자기가 새로 회사를 만들었을 때는 은행이나 신용금고에 정기예금을 하고 조금씩 거래 실적을 쌓아 나간다. 최초로 차입금을 도입할 때도 한꺼번에 많은 금액으로 하지 않고 이자를 기일 내에 잘 지불할 수 있는 만큼으로 한다. 그런 것을 반복하지 않으면 새로운 회사의 신용을 얻는 것은 불가능하다.

개인적으로도 마찬가지다. 자기가 열정을 기울인 큰 꿈을 가졌을 때, 회사를 급성장시키는 비책을 생각했을 때 지금까지 제대로 된 일을 하나도 안 해둔 상태라면 아무도 진지하게 들어 주지 않는다. 눈에 띄지 않아도 견실한 성과를 올리고 있는 사람이라면 상대방도 진지한 눈빛으로 한 발짝 다가가서 투자하려는 마음이 생기게 된다.

반면에 기껏 주위와의 신뢰관계를 구축해도 매일의 일상적인 일을 하는 것만으로 사투를 벌이고 있다면 부하에게 동기 부여를 할 수 없다. 진지한 상사라는 평을 들을지는 모르나 의지할 수 있는 사람으로 평을 받는 것은 기대하지 않는 것이 좋다. 상사 스스로가 무엇을 하고 싶은 것인지 확실히 이해를 못한다면 부하는 자기의 인생을 맡기지 않는다.

직위가 생기면 자기의 일에 대한 비전을 가능하면 구체적으로 그릴 필요가 있다. 비전이 명확하지 않으면 그날그날의 일에만 쫓기게 되어 기사회생의 승부를 하는 일은 결코 없다. 아무리 꾸준히 실적을 쌓아 올려도 그것은 그것으로 끝난다. 그때그때의 상황의 파도에 휩쓸리고 만다.

일의 성과가 코스트에 맞는가 아닌가는 장기적인 시야에 입각하지 않으면 결실을 알지 못한다. 지극히 국지적인 전황을 보고만 있다면 이기고 있는 것인지, 지고 있는 것인지조차 판단할 수 없다. 원가 이하의 장사를 아무리 해도 절대 신용을 얻을 수 없으며, 오히려 싸구려 장사로 취급된다.

요컨대 균형의 문제다. 치밀한 계산이 없으면 아무리 대담한 발상이라도 활용되지 못한다. 명확한 비전이 없으면 매일의 일에 목적이 생겨나지 않는다.

회사를 둘러싼 환경을 차분히 바라본 후에 전략적으로 핵심을 쥐고자 한다면 다양한 가능성을 잘 조절해 나가야 한다. 즉 모든 비용을 머리 속에 넣어 두어야 한다.

9. 회의의 성패는 프레젠테이션으로 결정된다

회의 비용이 너무 비싸다

어느 회사 회의실에도 언제나 누군가가 앉아 있다. '중지(衆知)를 모은다'는 것은 멋있는 일이지만 시간을 죽이고만 앉아 있는 사람도 적지 않다. 회의에 참가하고 있는 사람의 시간급(時間給)은 따지자면 얼마라고 결정될 수 없으므로 활발한 논의가 이루어지지 않으면 낭비라는 결론이 나온다. 몰래 다른 생각을 하고 있는 사람이 모인 회의라면 처음부터 하지 않는 것이 좋다.

그렇지만 생각한 것을 그대로 다 말해 버리면 인간관계는 껄끄러워질 것이고 아무 것도 결정 나지 않는 회의가 될 것이다. 자기의 입장을 추궁받는 상황이 아니라면 쓸데없는 발언을 하지 않는 것이 신상에 좋다. 잘못해서 본심을 이야기하면 나중에 후회해도 소용이 없다. 자기의 의견을 주장할 때 적을 만드는 결과가 된다.

그리하여 여기서 등장하는 것이 '사전검토'이다. 중요한 회의일수록 결론은 회의를 시작하기 전에 결정된다. 출석자의 이해가 대립할 때도 사전검토를 해서 의견을 조정하는 것이 상식이다. 그러면 회의를 할 이유가 없어진다. 실질적인 검토는 사전에 이루어져 회의는 단순히 참석하는 데 의의가 있을 뿐이다.

그래도 회의가 필요한 것은 회사의 입장을 밀어붙여 출석자의 동의를 구하고 싶기 때문이다. 직접적으로 부하에게 전달하기 어려운 사항도 회의라는 필터를 거쳐서 상사의 책임을 애매하게 하고 결정할 수 있다. 부하로부터의 불평 불만이 속출했을 때도 회의의 출석자에게 책임을 분산시키고 도망 갈 수 있다. 무엇보다도 편리한 형식이다.

회사가 커지면 커질수록 이런 소모적인 회의가 횡행한다. 자기의 책상 앞에 30분도 앉아 있지 못하고 회의실에서 하루종일 보내는 상사도 있다. 어차피 참석해야 되는 회의라면 적극적으로 참여하여 하루의 일과에 활용하지 않으면 비싼 임금을 받는 의미가 없다. 한 사람 한 사람이 본인의 소견을 지니지 않는다면 회의는 춤추고 회사는 위태로워만 진다.

주위를 납득시키는 요령

회의를 효율적으로 진행시키려면 사전조정도 중요하지만 더욱 중요한 것은 소곤소곤 뒷이야기하듯 숨기지 않아야 한다는 것이다. 상대방의 요구만을 그저 따르고 자신의 안전을 지키려는 안이한 생각을 지니고 있으면 아무리 숨어서 뒷이야기를 숙덕거려도 금세 부하의 귀에 들어간다.

회사의 기밀사항은 물론 원칙적으로는 회의의 내용을 오픈해서 부하에게도 관심을 갖게 하는 것이 좋다. 회의에서 결정된 것은 부하의 일에도 반드시 영향을 미치는 것이므로 가능하면 구체적으로 설명해 두지 않으면 회사의 의사가 조직 전체에 전달되지 않게 된다. 그 결과 책임추궁을 받는 것은 그 어떤 다른 사람도 아닌 상사 자신인 것이다.

회의에 출석하기 전에 부하의 의견에 귀를 기울여 부서의 대표자로서의 입장을 명확하게 해 둔다. 회의의 결과가 생각한 대로 이루어지지 않아도 부하가 납득할 수 있는 상황을 만들어 두면 일에 대한 의욕을 꺾는 일은 없다. '아쉽지만 할 수 없다'는 생각을 하고 지금까지 이상으로 열심히 일해 줄 것이다.

회의에 참석하면 자신의 의견을 통과시키고 싶은 것은 당연하다. 회사에 이익을 가져온다는 시점에서 부하의 모티베이션을 활성화하기 위해서는 무엇보다도 자신의 의견을 주위에 알려야 한다. 직위를 남용하여 밀어붙이는 것이 아니라 회의의 출석자를 잘 납득시키는 것이 중요하다.

우선 무엇보다도 정확하게 핵심을 요약한 자료를 준비해야 한다. 자신의 의견만을 주장하는 것이 아니라 회사의 이익에 직결되는 것을 강조하여 일관성 있는 논지를 전개하는 것이 중요하다. 필요하다면 자료를 시각적으로 만들어 감성에 호소하는 것도 효과적이다. 제안의 타이밍을 재서 구체적으로 알기 쉽게 설명하는 것이 중요하다.

즉 회의라는 상황 속에서 얼마만큼 설득력 있는 프레젠테이션을 할 수 있는가의 문제다. PC를 사용하거나 슬라이드를 상영하거나 소도구를 잘 활용하는 것도 생각해 두자.

가슴을 펴고 당당하게, 천천히, 침착한 자세로 발언하는 것도 중요하다. 질문이나 반대의견에도 감정적으로 응수하지 말고 상냥하고 열심히 이해를 구해야 한다.

사전조정 과정에서도 처음부터 제안으로 들어가면 부하로부터 이상한 오해를 받는 경우도 있다. 그러나 제안의 전개를 함께 짜면 회의에 참가하지 않는 부하에게도 주체의식이 생겨난다. 혼자서 준비하는 것보다 일석이조의 효과를 기대할 수 있는 방법이다. 부하의 제안 능력도 비약적으로 발전한다.

프레젠테이션은 상대를 어떻게 설득하느냐의 기술이다. 회의에서 자신의 의견을 주장할 때뿐만 아니라 거래처와의 교섭에도 필수적인 사항이다. 비즈니스 현장에서는 다양한 의견이 부딪치게 된다. 이 때 힘으로 상대를 쓰러뜨리면 멀지 않아 자기도 누군가에 의해 쓰러진다. 역시 상대를 진정한 자기 편으로 만들 필요가 있는 것이다.

10. 필요한 인재만이 살아 남는다 

■ 사장의 마음으로 일을 하자

계장이나 과장도 회사에서 직위를 부여받으면 사장이 된 마음으로 일할 필요가 있다. 그렇다고 점심 때 출근하거나 평일에 골프를 치라는 이야기는 물론 아니다. 어떻게 하면 회사가 발전할 수 있는지를 진지하게 생각하고 자신의 발언이나 행동에 강한 책임과 자각을 지녀야 한다. 되도록이면 사리사욕을 접어 두고 회사 전체를 크게 살리는 길을 찾아야 한다.

말은 쉽지만 사장처럼 높은 급여를 받는 것도 아니고 아무리 머리를 굴려도 간부급에조차 오르지 못할 것 같은 생각이 들 것이다. 몸을 사리고 그저 주어진 일만 하고 있으면 충분하다는 생각을 한다.

'땀 흘리고 일해 보았자 어차피 모두 회사 것이 된다. 괜히 눈에 띄게 행동하다가는 찍히기나 한다.'

사장이 된 마음으로 일을 한다는 것은 사실은 불가능하다고 생각하는 것이 본심일 것이다.

그렇지 않아도 샐러리맨은 명함에 새겨진 직위에 따라 모든 것이 결정된다. 부장이 재채기만 해도 과장은 감기에 걸린다. 회사의 장래를 생각한 언행이라도 월권행위로 간주되면 끝장이다. 한 순간에 유배되어 회사의 장래를 운운할 때가 아니게 된다. 과장은 과장대로의 분수로 얌전히 있는 것이 신상에 안전하다.

가끔 뭘 착각하고 있는 건지 혼자서 회사를 짊어진 듯한 마음으로 주위의 빈축을 사는 사람이 있다. 현명한 상사로 인정받고 싶은 사람은 그저 웃어 넘기고 있을지 모르지만 생각해 보면 모두 같은 생각을 하고 있다. 자기의 작은 잣대만으로 모든 것을 측정하고자 한다.

사장이 된 마음으로 일을 한다는 것은 사장의 입장에서 일을 하라는 것이 아니다. 사장의 큰 잣대를 가지고 자신의 일을 재검토하라는 것이다. 상사로서의 판단기준을 어디에 두느냐를 회사 전체를 시야에 두고 검토하라는 것이다. 회사는 무엇을 어떻게 기대하고 있는지, 상사로서 무엇이 부족한지를 냉정하고 엄격하게 평가해 보아야 한다. 집에 불이 나면 괴나리봇짐을 둘러메고 떠날 준비부터 하는 나그네가 아니고, 뛰어들어 불을 끄는 주인 의식을 가지지 않으면 안 된다는 뜻이다.

누군가가 나를 필요로 하는가

직위가 있는 샐러리맨의 대부분은 자신이 가장 많은 일을 한다는 생각을 가지고 있다. 다른 직장으로 옮겨서 현재 급여의 120%의 대우를 받는다고 하면 두려울 것이 없다. 그러나 세상은 그리 간단하지가 않다. 현실은 자신의 연봉의 60% 정도의 일을 한다면 우수한 샐러리맨이 되는 실정이다.

어떤 사람이라도 같은 회사에 오래 있으면 실력 이상의 결과를 낼 수 있다. 매일의 업무 흐름이 손에 잡히고 복잡한 인간관계도 잘 정리되어 있으므로 성과가 나오는 것이 당연하다. 그러나 그것을 착각해서는 안 된다.

인간이라는 존재는 자신의 힘을 과대평가하기 쉽다. 회사의 힘으로 구축해 온 신용이나 선배의 힘으로 닦아 놓은 길을 아주 쉽게 잊어 버린다. 부하들이 추켜올리면 점점 더 하늘 높은 줄 모르게 되어 어느 회사에서나 통용된다고 착각하고는 언제 사표를 던져도 살아갈 수 있을 것이라고 믿게 된다.

가벼운 행동을 하기 전에 자신이 그만둔 뒤의 회사의 모습을 구체적으로 시뮬레이션해 보는 것이 좋다. 웬만큼 전문적인 일을 담당하고 있는 사람이 아니라면 대개의 경우는 후임자가 아무 일도 없었다는 듯 일을 계속하게 된다. 자기가 그만두면 회사가 곤란하다고 생각하여 혼자서 일을 안고 있으면 상사로서의 자격이 없다는 소리를 듣게 된다.

회사를 그만두고 나서 아무 일도 할 수 없음을 후에 알거나 하면 큰일이다. 자기에게 머리를 숙여온 거래처를 찾아보아도 직위가 없어진 사람에게 얼마만큼 진심으로 도와 줄지는 의문이다. 샐러리맨이 회사를 떠나면 아무도 돌아보지 않는다고 생각하는 것이 좋다. 자신의 힘을 정확하게 알고 있어야 한다.

샐러리맨의 일이라는 것은 혼자서 할 수 있는 것이 아니다. 상사나 부하, 심지어 경쟁자와도 도와 가면서 다양한 방식으로 목표를 달성해 가는 것이다. 그 때 가장 중요한 것은 능력이 있느냐 없느냐보다는 남들이 나를 필요로 하고 있는지 아닌지다. 따라서 주위의 인간관계 속에서 존재감을 명확히 해 두어야 한다.

직속상사로부터 오른팔이라는 신임을 얻고 부하가 진심으로 존경해 준다면 그것만큼 마음 든든한 일은 없다. 그런 영향력을 행사할 수 있는 인재를 회사가 가만히 둘 리가 없다. 반드시 어디선가 비약의 기회를 주어 큰일에 도전시킨다. 지지해 주는 사람의 수가 많을수록 성공의 확률도 높아지므로 점차 중요한 직위를 부여받게 된다.

회사라는 조직 속에서 살아 남으려면 되도록 많은 사람과의 신뢰관계를 구축해 두어야 한다. 자기 혼자만이 출세하려고 욕심을 내지 말고 주위에 도움이 되도록 행동하는 것이 중요하다. 눈앞의 이익만을 생각한다면 멀리 돌아가는 것처럼 느껴지겠지만, 그것이 이겨서 살아 남기 위한 지름길이 되는 것이다.

사람을 중요하게 생각하는 것이 곧 자기를 중요하게 생각하는 것이다.

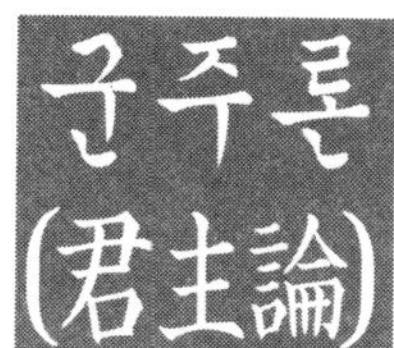

《군주론(君主論)》은 르네상스기(期)에 이탈리아의 정치이론가 마키아벨리(Niccolo di Bernardo Machiavelli : 1469~1527)가 쓴 정치학의 중요한 고전이다. 이 책은 군주의 통치기술을 다룬 것으로서 군주가 국가를 제대로 통치·유지하기 위해서는 권력에 대한 의지·야망·용기가 있어야 하고, 비록 사사롭게는 정의(正義)에 반(反)한다 할지라도 허용되어야 하며, 수단과 방법을 가리지 않아야 한다고 주장하고 있다. 이 책은 뒷날 '마키아벨리즘'이라 불리게 된 '권모술수주의'를 주장하였다고 하여 비난의 대상이 되었다.

실제로 마키아벨리는 한 나라의 창건과 그 목적 달성을 위해서는 비상수단의 사용이 비난받아서는 안 된다고 주장하였다. 고대 로마인이 가진 역량과 생각을 르네상스 시대에 이탈리아 사람들의 마음속에 다시 소생시키고, 이탈리아에 새로운 정치, 사회질서를 수립하기 위해서는 먼저 구태의연한 도덕이나 종교를 타파하고 그것에 구속되지 않아야 한다고 강조하였다.

오늘날의 국제경쟁시대에 기업이 살아 남기 위하여, 또 새로운 21세기를 맞이하여 다시 한번 《군주론》을 통해 마키아벨리의 목소리에 귀 기울일 만하지 않은가. 비난받아야 할 것이 아니고 그 시대 상황에 따라 이해되어야 할 것이다.

신의가 두텁고 종교심이 많으며 인격도 고매한 사람처럼 보여야 하지만, 때에 따라서는 목적 달성을 위하여 여우와 같은 간사한 지혜와 책략, 사자와 같은 위엄과 힘을 사용하여야 할 것이다. 그렇다고 힘만으로 일을 처리하고자 하면 자기가 먼저 무너지는 원인을 만들어 버린다. '그러면 어떻게 해야 하는가' 라는 생각이 들 때 《군주론》을 읽어 보기 바란다. 지극히 당연한 사실이 새롭게 마음에 와 닿을 것이다.

이기려고 하기보다 지지 않는 것이 중요하다고 자기도 모르게 인정하게 된다. 기업인과 샐러리맨들이 살아가고 경쟁에서 이기는 데 필요한 많은 힌트가 숨어 있다.

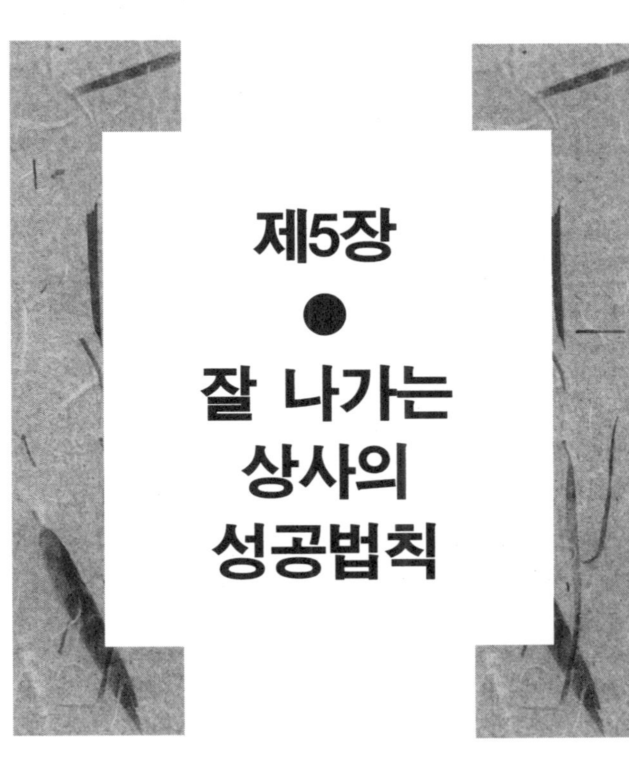

제5장
●
잘 나가는
상사의
성공법칙

1. 일의 무대에서 주역을 맡자

■피로한 얼굴을 부하에게 보이지 않는다

상사라는 입장이 되면 책임도 무거워지므로 언제나 기분이 좋을 수만은 없다. 아침부터 저녁까지 마차에 묶인 말처럼 달리고 별것도 아닌 일로 부하로부터 추궁을 받고 상사로부터는 깨지고, 그래도 어떻게든 잘 버티지 않으면 자신의 현재 위치를 지키기 어려워진다.

어디에선가 잠시 숨을 돌리고 싶어도 일이 몹시 바쁠 때는 가족들의 얼굴조차 볼 수가 없다. 출장도 아닌데 비즈니스 호텔에 묵으면서 식사시간도 아껴 가며 목표 숫자를 달성해야 한다. 못 마시는 술을 억지로 마시면서 새벽까지 거래처를 접대하고 꾀죄죄해진 양복을 그대로 입고 출근하는 일도 허다하다.

'자동차도 액셀러레이터에 유격이 없으면 폭주하게 되는 법인데…'라는 독백 같은 목소리도 들려 오지만 세상은 그리 쉬운 것이 아니다. 아무리 졸리더라도 꾹 참으면서 앞장서 일을 하지 않으면 어느새 책상도 의자도 없어진다. 일단 그렇게 되고 나면 끝장이다.

그러나 그렇다고 상사가 피곤해서 지쳐 빠진 얼굴을 하고 있으면 부하의 마음도 침체된다. 상사가 언제나 미간에 주름을 잡고 있으면 부하는 일에 대한 상담을 하기도 어렵다. 언제나 안달복달하고 있는 상사에게 부하는 가까이 가지도 못한다. 상사 자신은 열심히 일하고 있다고 생각해도 마음의 여유가 없다는 것을 부하는 확실히 알고 있다.

매우 힘든 상황에서도 힘을 내는 것이 상사의 일이다. 상사가 밑을 보고 있으면 부하도 밑을 본다. 상사의 기력이 충만하면 부하도 에너지가 생긴다.

그만큼 상사의 일거수 일투족은 부하에게 강한 영향을 미친다. 부하의 눈앞에서 벌레 씹은 얼굴을 하고 있으려면 오히려 다방에서 하루를 보내는 것이 더 도움이 된다는 말이다.

■■ 일의 목적을 확인하자

매일 일에 쫓기고 있으면 자기가 무엇을 하고 있는지도 모르게 되는데 그럴 때일수록 냉정하게 일의 흐름을 다시 한번 검토해 보는 것이 중요하다. 오늘중에 해야 하는 일과 시간을 두고 정리할 일, 그리고 혼자서 해야 할 일과 부하에게 맡기는 것이 좋은 일 등으로 하나하나 정리해 두고 시작할 필요가 있다.

허둥지둥 바쁘게 뛰어다니는 사람이 의외로 일의 마무리가 신통치 않다. 이것도 저것도 어중간하게 손을 걸치고 처리하지 못한 일들이 산재해 있다. 하나의 일을 잡고 있어도 다른 일이 계속 생기므로 시간을 들인 만큼의 결과가 나오지 않는다. 그러다 보면 자기도 모르는 사이에 쓸데없는 실수가 점점 늘어난다.

무엇보다도 무서운 것은 오랜 시간 회사에 남아 있는 것만으로 일을 하고 있다고 착각하는 것이다. 15시간을 들여서 8시간분의 일을 해도 자기의 진행 속도가 남들보다 늦는다고 생각하지 않는다. 신입사원의 일까지 과장이 맡고 있어도 그것이 이상하다고 생각하지 않는다. 몸과 마음이 지치면 일을 많이 한 것으로 잘못 생각하고 있다.

매일 밤마다 술 접대로 피를 토하거나 주말에도 쉬지 않고 일해서 갑자기 쓰러지는 등 일에 목숨을 거는 샐러리맨은 많다. 노고는 가상하지만 어디선가 단추를 잘못 끼우고 있다. 자기를 살리기 위해 애쓰는 일로 자기의 가능성을 죽이고 있어서야 주객이 바뀌어도 이만저만 바뀐 게 아니다.

회사의 사정이나 인간관계에서 무리를 해야 할 때도 있다. 여기가 전력투구해야 할 장소라고 각오하면 온 힘을 다할 수밖에 없다. 그러나 그것은 고속도로에서 추월차선을 달리는 것과 같다. 액셀러레이터를 한꺼번에 밟아서 그것이 실력이라고 착각하면 금세 엔진이 과열된다. 목적한 차를 추월했다면 빨리 자기의 차선으로 돌아와야 한다.

경쟁자를 제치고 선두를 달려도 상대방의 실력이 월등하면 언

제 어디서 추월당할지 모른다. 여기서 다시 액셀러레이터를 밟아
보아도 경쟁자를 또다시 제칠 수 있으리라는 보장은 없다. 앞서
거니 뒤서거니를 반복해도 몸과 마음만 소모되고, 중간에 입사해
온 후배에게 그 공로가 돌아가는 경우도 있다.

자기는 무엇을 위해 일을 하고 있는가, 원점으로 돌아가서 다시
생각해 보아야 한다. 직위라는 것은 단순히 결과에 불과하다는
것도, 일은 혼자서는 할 수 없다는 것도 이미 잘 알고 있는 사실
이다. 부하를 키워야 하는 것도, 회사에 활력을 주어야 하는 것도
충분히 이해하고 있음에 틀림없다. 그런 기본적인 것들을 다시
정면으로 바라보아야 한다.

누구에게나 죽을 때까지 일을 하라는 말은 못한다. 회사의 노예
가 되는 것을 바라는 경영자는 아무도 없다. 자기 인생의 황금기
에 균형 잡힌 리더십을 발휘해 줄 수 있는 사람에게 맡겨지기를
바라는 것이 진정한 희망인 것이다. 피곤한 얼굴을 자랑인 양하
고 있는 상사에게는 앉을 자리도 남아 있지 않게 되는 것이다. 그
것이 현실이다.

2. 언제나 평정심을 잃지 않는다

■ 감정적이 되면 이기지 못한다

회사라는 장소에는 여러 사람이 모인다. 궁합이 맞는 상생(相生)의 사람들만 모인다면 아무런 문제는 없겠지만, 서로 맞지 않는 상극(相剋)의 사람이 어디에나 한두 사람은 있게 마련이다. 다른 사람이 말을 하면 흘려 들을 수 있는 말도 그 사람의 입에서 나오면 이상하게 신경에 거슬린다. 그러나 자기가 싫다고 생각하는 사람은 상대도 나를 싫어하고 있다.

같은 회사 사람도 일로 마주치는 일이 없으면 부딪칠 일이 없다. 동기회나 사내 회식에서 얼굴을 마주해도 가볍게 잡담을 늘어놓고 있으면 그것으로 족하다. 아무리 옆자리에 앉아도 한두 시간쯤 때우면 서로 신경에 거슬리지 않는 화제로 대화를 이어나갈 수 있다. 아무리 싫은 상대라도 열받는 일이 우선 없다.

그러나 하루종일 함께 일을 하는 사람이라면 문제가 심각하다. 조금 논조가 뜨거워지면 말꼬리를 잡아 반론을 제기하고 싶어진다. 상대방의 사소한 일거수 일투족에도 뭔가 핀잔을 주고 싶어진다. 하고 싶은 말을 꿀꺽 삼키고 '참아야지' 하는 생각을 하지만 무리하게 마음을 억누르고 있으면 일도 손에 잡히지 않는다.

특히 상대가 부하일 경우에는 자신의 감정을 억제할 수가 없다. 트집을 잡아서라도 철저하게 무너뜨리고 싶어진다. 상사를 대하는 것과는 달리 상대에게 사양할 필요도 없으니까 기침을 하듯이 감정을 내뱉는다. 처음에는 실수만을 꾸짖으려고 했던 것이 어느새 상대의 인격을 공격하고 있다.

자신이 우위에 서 있을 수 있다고 하여 약한 입장의 상대를 앞에 두고 고래고래 큰소리를 내는 것은 주위의 빈축을 사기에 충분한 어리석은 행동이다. 듣고 있는 쪽도 직접 말을 안 할 뿐이지 불평 불만이나 반감이 잔뜩 쌓여 있다. 아무리 옳은 소리라도 일단 감정적이 되면 아무 것도 전달되지 않는다.

어떤 일이 있어도 흔들려서는 안 된다

샐러리맨 생활을 10년 정도 하고 있으면 누구나 어금니를 악물고 힘껏 의자를 차 버리고 싶어지는 경우가 있다. 매출이 오르지 않는다든지, 코스트가 너무 든다든지 어디서든 약한 입장에 있는 사람이 코너에 몰린다. 그러나 자신의 기분이 엉망이라면 부하는 그 이상으로 엉망진창일 것이다.

한잔하면서 스트레스를 해소하려고 해도 마음이 그리 쉽게 진정되지 않는다. 일의 책임을 지는 것은 할 수 없지만 상사의 불쾌한 감정까지도 강요받는 것은 정말 말도 안 된다. 결국 인사이동에서 밀려나면 아무리 몸부림을 쳐도 소용이 없으며, 그 때 부하는 더욱더 일할 마음이 사라진다.

누가 보아도 실적을 올리지 못한 경쟁자가 승진하여 갑자기 어깨에 힘을 주면 반발감이 들 것이다. 그렇다고 감정을 밖으로 드러내면 그 순간부터 회사라는 조직에서 튀는 것은 뻔한 일이다.

그럴 때일수록 중요한 것은 자기의 의견을 개진하는 방식이다. YES, NO를 분명히 해서 냉정하게 가라앉은 마음으로 대응하는 것이다. 천천히 시간을 두고, 절대로 당황해서는 안 된다. 자기의 의견이 통하지 않을 때는 언제까지나 질질 끌지 말고 조용하고 냉정하게 양보하는 것도 필요하다. 무슨 생각을 하고 어떻게 행동하고 있는지를 상대에게 알릴 필요가 있으면 충분하다.

감정적으로 반발하는 이유의 대부분은 자기에 대한 상대의 태도 때문이다. 이야기하고 있는 도중에 딴전을 부린다든지, 어중간한 보고를 한다든지 등 여러 면에서 상대의 단점을 열거하지만 요컨대 나를 잘 인정하지 않고 있다는 사실에 마음이 거슬리는 것이다. 그러나 상대도 역시 인정하지 않고 있다는 사실에 신경이 곤두서 있다는 사실을 알아두기 바란다.

그렇게 안달복달하니까 점점 더 깊은 수렁에 빠진다. 자기가 인정받는 데만 신경을 집중하니까 부하에게 자신도 모르게 고자세로 나오거나 상사에 대하여 굽신거리게 된다. 아무리 잘 나가려고 해도 상대에 대한 배려가 없으면 설득력이 없다. 자기가 인정받고 싶다면 상대를 인정할 필요가 있다. 이것이 인간관계의 상식이다.

우선은 자신의 마음을 가라앉히고 상대의 장점을 발견하는 일에 힘쓴다. 거짓말이라도 '그는 장차 성공할 사람이다'라는 말을 해보면 상대를 보는 눈도 달라진다. 북풍과 태양의 우화처럼 차갑게 몰아치면 상대는 더욱더 단단하게 굳어질 뿐이다.

회사라는 조직에서는 감정을 조절하지 못하면 반드시 실패자가 된다. 아무리 소리를 지르고 싶어도 눈을 감고 크게 심호흡을 해야 한다. 마음을 진정시키고 생각을 다시 한 후에 불미스러운 표현이 입에서 나오는 일이 없도록 하는 것이 철칙이다.

3. '고맙습니다'를 전하자

작은 호의를 놓치지 않는다

인간이라는 존재는 멋대로여서 어떤 환경에도 금세 익숙해져 마치 예전부터 그곳에서 지내온 것처럼 생각하게 된다. 예를 들면 출근했을 때 책상이 깨끗하게 닦여 있는 것도, 여사원이 차를 가져다주는 것도 아무런 부담 없이 당연한 일로 생각한다. 사무실에 예쁘게 장식된 꽃도 누가 갖다 놓았는지조차 관심이 없다.

회사라는 장소는 확실히 일을 하는 것이 가장 큰 목적이지만 많은 사람의 생활의 터전이기도 하다. 조금이라도 기분 좋게 일하기 위해 사원 한 사람 한 사람이 마음을 쓰고 있는 것이다. 상사의 웃는 얼굴을 보고 싶어서 출근 시간 전에 회사에 나와 꽃을 꽂거나 차를 준비했는데 저기압의 퉁명스러운 얼굴로 대하면 당연히 실망하게 된다

"차를 끓이는 것도 일이다"라는 식의 치사한 발언은 하지 말자. 그런 말을 한다면 "차를 마시는 것도 일이냐?"라는 말을 들어도 할말이 없다. 만원 통근버스에서 시달리고 꽉 막힌 도로에서 안달하며 겨우 도착한 회사에서 제일 먼저 마주치는 사원의 얼굴이

므로 그저 솔직하게 "고맙습니다", "고마워"라는 말 정도는 하고 마셔 주기 바란다.

이제까지 그런 말을 하지 않던 사람은 조금 쑥스러울지 모르지만 차를 가지고 왔을 때 "고맙습니다", "고마워" 하고 말해 본다. 바로 그런 사소한 것에서부터 신뢰관계가 생겨나는 것이다. 창가에 꽂혀 있는 꽃을 보면 "꽃이 예쁘네요", "방 분위기가 달라졌잖아!" 정도의 한 마디를 해 본다. 위로나 감사의 표시로 말 한 마디를 하는 마음이 중요한 것이다.

차를 끓이거나 꽃을 꽂아 놓은 사람도 일이라 생각하고는 있지만 마음속 어딘가에 개운치 않은 생각을 하고 있다. 일부러 30분 전에 출근해서 왜 자기가 이런 수고를 해야 하는지 납득이 가지 않는다. 그럴수록 상사가 감사의 표시를 하면 이런 마음이 풀린다. 이러한 사람의 심정을 잘 모르는 사람은 상사의 자격이 없다.

혼자 힘으로는 아무 것도 할 수 없다

일에 대한 자세도 착각하고 있는 사람이 많다. 다른 사람보다 조금 일을 잘하는 것을 가지고 콧대가 세져 혼자서 회사를 짊어지고 있는 듯한 마음이 되어 무법자처럼 행동하고 있다는 것조차 모르고 있다. 입사시험 결과가 나오기를 기다리다가 합격통지서를 받고 기뻐하던 그 시절을 까맣게 잊고 있다. 누군가의 부탁을 받고 채용된 듯한 얼굴을 하고 있다. 직위가 생기기 전까지도 많은 사람들의 신세를 졌다. 오른쪽, 왼쪽도 모르는 아마추어를 한 사람의 프로로 키워 준 것이다. 사내의 선배들뿐만 아니다. 거래처나 타업계의 선배들이 많이 도와주었다. 그런 것을 잊어서는 안 된다.

평소 아무 생각 없이 쓰고 있는 명함도 우습게 생각해서는 안 된다. 거래처의 신용이나 사용자의 신뢰는 오늘 내일 사이에 갑자기 생겨난 것이 아니다. 몇 세대에 걸쳐 선배들이 땀과 눈물을 흘려 명함에 힘을 넣은 것이다. 회사의 설명을 한 시간이나 해도 거래처의 담당자가 만나 주지 않던 시절이 있었다.

지금처럼 일을 할 수 있게 된 배경에는 여러 사람의 드라마가 있었고 거쳐간 사람들의 추억이 있다. 사사(社史)에 기입된 사람들뿐만 아니라 무명의 한 사람 한 사람의 인생이 나를 움직이게 하고 있는 것이다. 그것은 큰 회사에서 일을 해도, 작은 회사에서 일을 해도 변하지 않는 사실이다. 자기 혼자의 힘으로는 아무도 상대해 주지 않는다.

이렇게 생각하면 바쁘다고 티를 낼 수 없다. 선배로부터 물려받은 배턴을 잘 받아서 다음 세대에 잘 전달해 주기 위해서 자기가 할 수 있는 한의 것을 하면서 노력해야 한다. 일할 장소를 부여받은 것에 감사하면서 겸허하게 자신의 역할을 담당해야 한다. 엄살을 부리기에는 선배들에게 너무 미안하다.

그러나 이것저것 판단 없이 모두 받아들이는 것도 어리석은 일이다. 아무 부족함이 없을 것 같은 환경이라도 거기서 일하고 있는 당사자들에게는 매일의 업무 속에서 불평불만의 씨앗은 끊이지 않는다. 이러한 부족함이 있어야 성장하고자 하는 에너지도 생겨나는 것이다.

'고맙습니다'라는 마음이 있으면 이것을 어떻게 행동으로 전할지를 생각해 볼 일이다. 그것은 차를 끓여 온 사원에게 케이크를 대접하는 것이 아니고 한 사람의 일류 샐러리맨으로 성장할 수 있도록 단련시켜 주는 일이다. 한 사람의 프로로 키워줄 수 있는 선배는 후배의 기특한 행동에 보답할 줄 아는 사람이다.

명함에 직위를 새겨 넣고 어느 정도 경력이 붙으면 어깨에 힘을 주고 싶은 마음은 알지만 거기서 어떤 행동을 하느냐가 리더로서의 자격이 있느냐 없느냐를 가름한다.

4. 최후의 결단은 자신이 내려야 한다

대중을 모아 놓고 우중으로 만들지 말 것

많은 사원을 부하로서 이끌면서 조직을 움직여 나가야 하는 입장이 되면 아무래도 부하들의 의견을 중시하게 된다. 무엇을 결정할 때도 금세 회의를 열고 다수결로 결정하기도 한다. 사원 여행의 행선지 등을 정할 때는 이런 방법이 어울릴지 모르지만, 그것이 일에 대한 것이라면 적합하지 않다.

늘 부하의 의견에 귀를 기울임으로써 한 사람 한 사람을 존중하는 자세는 상사로서 잊어서는 안 되는 것이지만 그것도 때와 장소를 봐 가면서 해야 한다. 예를 들면 여러 가지를 해 보아도 매출이 오르지 않아 할 수 없이 휴일에도 일을 해야 할 때 부하를 모아 놓고 회의를 연다면 정말 쓸데없는 짓이다.

부하의 본심을 들으나마나 누구든지 일요일은 집에서 쉬고 싶다. 젊은 부하일수록 스케줄이 정해져 있을 것이다. 데이트를 정해 놓고 있는데 상사로부터 일요일 출근을 지시받으면 정말이지 기운이 쫙 빠진다. 억울해 하면서 테니스나 등산 약속을 취소해야 한다.

회의석상에서 제언을 요구받으면 어떻게든 휴일 출근을 피하고자 필사적으로 의견을 제시한다. 노동시간 단축이라는 흐름에 역행하고 있다는 둥, 목표설정 그 자체에 문제가 있는 것이 아니냐는 소리를 하고, 매출이 부족하다는 현실을 무시한 채 어떻게든 편한 결론으로 몰고 가려고 한다.

무리하게 휴일 근무를 지시하면 부하의 비판을 받는 것은 당연하다. 설득력 있는 범위에서 상황을 설명하는 것은 중요하지만 최후에는 자기의 책임으로 GO사인을 내야 한다. 아무리 부하로부터 불만의 소리를 들어도 해야 한다고 결단을 내렸을 때는 독불장군이 될 각오를 하지 않으면 상사로서의 리더십을 발휘할 수 없다.

부하에게 책임을 전가하지 말라

그러나 평소 상사로서 위세만 잔뜩 부리고 있으면 어려울 때 부하로부터 외면당한다. 부하만 밤늦게 일하게 하고 상사는 정시에 퇴근한다면 아무도 일할 마음이 나지 않는다. 자기의 판단 미스는 뒤로 하고 부하의 실수만을 책망한다면 모두에게서 외면당한다.

경리부장이었다고 해서 자기가 직접 전표를 작성하는 사람은 아무도 없다. 영업부장이라고 해서 매일 세일즈 활동을 하는 것

은 아니다. 그런 것쯤은 부하도 잘 알고 있다. 장부를 정리하는 정
확함과 신속함은 경리부장보다는 오히려 담당자가 훨씬 잘하며,
월간 매출을 경쟁한다면 영업부장보다는 베테랑 영업사원이 뛰
어나다.

상사로서 필요한 것은 부하의 일터에서 부하와 싸워 이기는 것
이 아니다. 부하가 매일 어떤 일을 어떻게 하고 있는가를 잘 이해
하려고 하는 것이다. 일에 직접적인 도움을 받으려고 하는 것은
부하 쪽에서도 기대하지 않는다. 자기에게 주어진 역할을 다하기
위해서는 아무리 휴일이 없어져도 할 수 없다. 그 정도의 책임감
은 신입사원이라도 가지고 있다.

그런 것보다는 샐러리맨이 고달픈 것은 자기가 하고 있는 일의
가치를 상사에게 인정받지 못할 때다. 철야를 해도 기일에 맞추
지 못할 것 같은데 상사가 눈치 없이 귀가 준비를 한다면 일하려
는 마음이 사라진다. 자기가 맡고 있는 일은 본래부터 중요한 일
이 아니라는 생각을 하게 된다.

부하에게 일을 맡겨도 책임은 모두 상사에게 있다는 것을 명심
해 두어야 한다. 따라서 부하가 하고 있는 일의 모든 부분에 대하
여 책임의식을 지녀야 한다. 전표를 발행하지 않아도 어디가 체
크 포인트인지를 정확하게 파악해 두어야 한다. 거래처를 방문하
지 않아도 계약을 맺기까지 얼마만큼의 노고가 있었는지를 잘 알
고 있어야 한다.

부하에게 야근을 지시했을 때는 아무리 자기가 할 일이 없어도

책상 앞에서 일을 하고 있는 척이라도 하는 것이 좋다. 한 차례 바쁜 일이 지나갔다고 생각하면 자비를 털어서라도 부하를 위로해 주는 것도 권하고 싶다. 싼 선술집이라도 부하에게는 큰 힘이 된다. 상사의 이런 마음이 전달되면 일하려는 마음은 절로 생겨난다.

이러한 커뮤니케이션이 없다면 상사의 자세를 부하에게 전달할 수 없다. 상사의 일에 대한 강한 의욕과 정열을 부하 한 사람 한 사람이 인정해 주어야 진지하고 엄격한 말도 나온다. 억지로 부하에게 휴일 근무를 시켜 놓고 자기는 골프를 치러 간다면 절대로 사람을 움직일 수 없다.

상사와 부하의 커뮤니케이션은 일에 대한 책임감의 정도에 따라 결정된다. 지식과 경험을 축적한 한 마디가 부하에게는 설득력이 있다. 자기가 생각한 대로 되지 않아도 상사의 판단에 따르는 쪽이 틀림없다고 생각하기 때문이다. 그만큼의 신뢰관계를 구축하느냐 아니냐는 매일 일상적으로 부딪치는 상사의 태도 하나하나에 달려 있다. 그것을 잊으면 끝이다.

5. 상식에 어긋나는 일을 하지 않는다 

■ 회사 인간으로는 통하지 않는다

매일 같은 시간에 출근하여 같은 장소에서 일을 하면 회사가 세상의 전부라고 착각하게 된다. 세상에서 가장 훌륭한 사람은 자기 회사의 사장이고, 회사의 이익을 창출하기 위해서는 무엇이든지 허락된다고 바보 같은 생각을 하게 된다. 회사에서 명령한 것은 무엇이든지 생각하지 않고 하나에서 열까지 쫓아서 한다.

회사를 둘러싼 범죄가 신문 등에 보도되어 세간에서 너무도 상식 밖의 일로 놀라게 되어도 자기가 회사 내에서 그와 같은 입장에 있었다면 아마도 똑같은 일을 하게 되었을 것임에 틀림없다. 세상 사람들이 뭐라고 해도 회사에서 '하라'는 명령을 받으면 하지 않으면 안 된다. 이론만을 늘어놓고 있으면 주위에서 따돌림 받게 되어 회사 내에서 살아 남지 못한다.

더구나 직위가 생기면 정말 난처하다는 생각이 들어도 머리를 숙이고 따르는 수밖에 없다. 정의감 운운하면서 의견을 내면 그 순간 자신의 목이 달아날 뿐이다.

가족이나 일의 성공을 생각한다면 세상의 상식 따위에 따를 수는 없다. 다소 법도에 어긋나는 일이라도 회사를 위해서 할 수 있는 것이 샐러리맨의 상식이라는 말도 있다.

그러나 언제부터인가 그러한 발상이 통하지 않게 되었다. 예전에는 회사의 희생양이 된 사원에게는 세상도 따뜻한 눈으로 바라보아 주었으며, 그만큼 충성심이 두터운 사람이라면 전직하기도 쉬웠다. 그러나 오늘날에는 스스로가 어떻게 판단하느냐는 것이 중요하게 되었다. 회사를 위해서라면 모두가 허락되는 일은 더이상 없다. 가능하면 넓은 시야를 가지고 회사의 상식과 세상의 상식과의 어긋난 부분을 객관적으로 바라보는 자세가 요구된다.

회사가 틀린 방향으로 나가려는 때 정확하게 궤도 수정을 할 수 있는 인재가 앞으로의 시대에 필요하다. 아무리 회사에서 쫓겨나도 세상에 통하는 사람이라면 일할 장소는 얼마든지 있다.

다른 사람의 마음에 상처를 주지 않는다

회사가 커지면 커질수록 나름대로 전통을 강하게 주장하여 독자적인 문화를 전개하게 된다. 특히 급성장을 지속하는 회사에서는 창업자의 개성이 짙게 반영되어 고유한 가치관에 물들어 있게 마련이다. 그런 경우 사내에 있는 사람들은 아무런 위화감이 없지만, 기묘한 회사로 보이는 경우도 적지 않다. 바로 그 사고의 차이를 알고 있느냐 없느냐가 중요하다.

일반적으로 경영자가 특정 종교를 가지고 있건 말건, 간부사원에게 화장실 청소를 시키건 말건 세상은 조금도 상관하지 않는다. 거기서 일하는 사람이라도 싫으면 그만두면 된다. 세상 사람들에게 폐가 되지 않는 한 어떤 기업이념을 배경으로 하고 있어도 그것은 경영자의 마음이다. 세상에서 받아들여지고 있는 한 틀렸다고 할 수는 없는 것이다.

그러나 정확히 말하면 아무도 기업이념 따위에 돈을 지불하지 않는다. 자기 일이나 생활에 필요하다고 생각하면 누가 만든 것이든 간에 사지만 아무리 성인 군자가 추천해도 필요 없는 것은 갖고 싶지 않은 것이다. 자신의 회사가 성장하고 있는 것은 시장의 요구가 있기 때문이다. 그것을 착각하면 이야기가 복잡해진다.

그렇지만 회사에서는 기업이념이 절대적이다. 경영자가 카리스마적인 사람이라면 거역하는 것은 절대 용납되지 않는다. 일을 시작하기 전에 기도를 하거나 말거나, 조회에서 사가(社歌)를 합창하거나 말거나 세상의 상식에 위배되지 않는 한 그것에 대해서 이러쿵저러쿵 말할 필요가 없다. 그것으로 모티베이션이 자극된다면 더욱더 좋다.

하지만 한 가지 주의를 해야 할 것은 자기 회사의 기업이념에 'NO'라고 말하는 사람이 세상에는 있다는 것이다. 누구나 사장을 존경하고 있는 것은 아니다. 뿐만 아니라 사원도 전원이 오른팔을 들어서는 안 된다. '말도 안 된다'고 속으로 반발심을 지니고 있는 사람도 한두 사람이 아니다.

이런 사람들 속에 자기의 정론을 밀어붙이지 않아야 한다. 아무리 훌륭한 사고방식이라도 절대적이거나 유일무이한 것은 아니다. 여러 가지 의견이 있기 때문에 세상이 재미있어지는 것이다. 머리 꼭대기에서 발끝까지 회사의 논리로 물든 사람은 다른 직장으로 옮기면 아무짝에도 쓸모 없는 사람이 된다.

신입사원 때부터 혹독하게 일을 하고 직위가 생기면 자기가 소속된 회사의 상식이 몸에 배게 된다. 일에 열성인 사람이라면 사장이 쓴 책을 읽고 어디서부터 어디까지가 사장의 의견이고 어디까지가 자기의 의견인지 모르게 된다. 그럴수록 선을 긋는 작업이 필요하다.

세상을 향해 안테나를 세우고 시대가 어떻게 흘러가는지, 세간의 상식이 어떻게 변해가는지를 결코 놓쳐서는 안 된다. 다양한 가치관을 균형 있게 취하기 위해서는 아무래도 사회의 상식이 필요하기 때문이다. 자기 본위의 가치관에만 의존한다면 샐러리맨 생활은 결코 오래가지 못한다.

6. 어디서든지 결산이 맞으면 된다

실수하기 때문에 인간이다

프로 야구 투수라면 누구나 퍼펙트 게임을 노린다. 마운드에 섰을 때 27명의 타자를 모두 아웃시키고 승리의 공을 세우는 꿈을 꾼다. 그러나 시합개시와 동시에 던진 속구가 타자로부터 안타를 얻어맞았다면 목표를 완봉시합으로 바꾸어야 된다. 그 뒤에 또 계속 얻어맞으면 승리 투수로 목표를 바꾸어야 한다. 처음부터 기분으로 지고 있으면 프로 선수가 될 수 없다.

그러나 경험이 없는 선수인 경우에는 절대로 수습할 수 없게 머리 속이 새하얗게 된다. 포볼을 던진 경우에는 갑자기 팔이 수축되어 움직일 수도 없다. 다음 타자가 치면 점수가 역전될 뿐만 아니라 자기도 마운드에서 내려가야 한다. 그런 것만을 생각하게 된다.

그 점이 일류 투수와 이류 투수를 가름한다. 에이스급 투수라도 타자로부터 홈런도 얻어맞고 패전투수가 되기도 한다. 언제나 완벽한 피칭을 할 수 있는 것은 아니다. 강속구를 타자가 멋지게 쳐내면 상대방의 기술이 뛰어남을 인정해 버리면 된다. 이기는 경우도 지는 경우도 있다.

일류 투수는 던지기 전부터 일일이 결과를 신경 쓰지 않는다. 그러면 자기가 만족할 만한 일을 할 수 없다. 쓸데없는 생각을 하지 않으니까 실패의 이미지가 이어지지 않고 끝난다. 던질 때마다 치면 힘이 미치지 않았음을 인정하고 조용히 유니폼을 벗으면 된다. 그 정도의 각오가 없으면 일류 투수의 길을 갈 수 없다. 샐러리맨도 마찬가지다.

직위가 생기고도 실패만을 두려워한다면 제대로 된 일을 할 수 없다. 아무리 큰 실수를 해도 그 후에 다시 고쳐 해낼 수 있는 결과를 내면 그것으로 결말은 맺어지게 된다. 아무 것도 하지 않고 지레 겁을 먹으면 실패에서 배울 수조차 없다. 그 뒤로는 줄줄이 뒤로 밀려날 뿐이다. 그것이 가장 두려운 것이다.

멀리 내다보고 결과를 생각하라

샐러리맨의 인생은 5년이나 10년으로 끝나지 않는다. 명함에 직위가 새겨지고 이런저런 사이에 4반세기는 흘러간다. 주판이 전자계산기로 바뀔 정도가 아니라 세상은 달리는 말보다 빨리 변해 간다. 사물의 가치나 가치관도 지금과 예전은 현저하게 다르다. 그런 것을 생각하면 눈앞의 결과에만 마음을 뺏겨서 희비(喜悲)를 반복하는 일은 어리석은 것이다.

자기가 그리고 있는 비전이 어디까지 통용되는지 모르지만 가능하면 긴 스판과 같은 안목으로 상황을 바라보고 커다란 결과를 남기기 바란다. 도중에 막히거나 방치하거나 그 어떤 사고가 발생해도 그때 일은 그때 가서 생각하자. 최후의 최후에 역전승할 기회가 있다면 대부분은 참을 수 있는 것이다.

그렇다고 출세 경주에 참가하여 사장 자리를 노리라는 것은 아니다. 자기의 능력에 따라 다르지만 직위가 무거워지는 것으로 누구나 행복해진다고 할 수는 없다. 정년을 맞이하는 그 순간까지 얼마만큼 만족할 만한 일을 해왔는가가 가장 중요하다. 자기가 입사한 회사를 세상이 필요로 해서 살아 나가는 것이 중요한 것이다.

부하에 대해서도 똑같이 생각해주기 바란다. 자기가 명령할 때까지 얼마만큼 벌어줄 것인가보다는, 회사를 지탱하는 인재로서 어디까지 성장할 것인가를 생각하는 것이 재미와 보람이 커진다. 조금은 무모하고 시간이 걸려도 자기의 손으로 길을 닦아 열어 가는 습관을 몸에 붙게 하는 것이 부하의 능력이 무한으로 커지는 것이다.

사실 그만큼 상사는 고달파진다. 결과가 금세 나오지 않는 것에 대한 책임을 추궁당하고 리더십을 의심받게 되고 엉망이 될 때까지 질책을 받을지도 모른다. 심할 경우 부하를 한 사람의 훌륭한 프로로 키워 놓고 자신은 밀려 날지도 모른다. 그렇다고 해도 회사에 도움이 되는 한 인재를 키운 것에 만족하고 뒤에서 박수를 칠 줄 알아야 한다.

아무도 몰라도 자기가 그리고 있는 비전이 하나만 실현되어 가면 샐러리맨으로서는 최고의 만족이다. 회사에서 인정받지 않아도 훌륭한 결실이 맺어진다. 자기가 남긴 발자취가 여러 형태로 살아 남는다면 샐러리맨이라는 일을 해온 보람이 생긴다. 몇십 년간의 고생을 한꺼번에 보답받는 기분이 된다.

얼마만큼 훌륭한 자리에 앉았느냐 하는 것보다도, 얼마만큼 많은 연봉을 올렸는가보다도, 얼마만큼 많은 사람이 필요로 하고 자기의 꿈을 지속해 올 수 있었는가로 샐러리맨의 가치는 결정된다. 회사를 은퇴한 후에도 후배들에게 감사를 받는, 그런 일을 할 수 있었다면 그야말로 남자답게 사는 법이다.

사소한 실수에 질질 끌려서 직위가 위다 아래다 떠들어대면 어느새 자기의 그릇도 작아진다. 경쟁자보다 조금은 출세할지 모르지만 회사를 그만두면 아무 것도 남지 않는다. 단지 생활비를 버는 것만으로 중요한 인생을 보낸 것이 된다.

최후에 미소를 띨 수 있도록 자신의 인생의 결산을 맞추는 삶을 살아가야 한다.

7. 곤란할 때는 원점으로 돌아가라

어려운 상황에서는 움직이지 말라

상사로서 수완을 보여야 할 때는 부하를 잘 움직여서 회사라는 조직에 활력을 불어넣어야 할 때다. 하나하나의 상황을 정확히 판단하여 부하의 모티베이션을 자극하는 지시를 내릴 수 있느냐가 상사의 그릇의 크기를 측정하는 승부수가 된다. 세세한 변화도 민감하게 감지하여 다양한 시뮬레이션을 해 보아도 정확한 해답은 쉽게 발견되지 않는다.

부하로부터의 보고에 귀를 기울여서 가지고 온 데이터를 세부적으로 분석하여 꼼꼼하게 결단을 내려도 언제나 잘되는 것은 아니다. 판단 자체는 틀리지 않아도 때가 늦으면 경쟁사에 뒤처지고, 부하의 실력이 미치지 못하면 기획만으로 끝나게 된다. 결과가 나오지 않는 책임은 상사가 질 수밖에 없다.

정공법으로 안 되면 게릴라 전술을 전개하고, 한 번의 교섭으로 통하지 않았다면 몇 번이고 강하게 설득한다. 담당지구를 교체하거나 사내 연수를 반복하거나, 그 밖에 다양한 가능성에 도전하여 어떻게든 결과를 내려고 애를 써 보아도 안 될 때는 안 된다.

그 때는 상사로서의 자신의 능력에 자신감이 없어져 손을 제대로 쓸 수도 없게 된다. 또한 지금까지 축적해 온 지식이나 경험을 의심하게 되어 새로운 방법론을 접하면 매달리고 싶어진다. 현상을 타파하는 비책이 있으면 무슨 수를 써서라도 의지하고 싶어진다. 그러나 그렇게 당황을 해도 안 되는 것은 안 된다. 해야 할 일을 확실히 하고 그래도 결과가 나오지 않을 때는 섣불리 움직이지 않는 것이 좋다.

허둥지둥 서두르지 말고 원점으로 돌아가서 생각해야 한다. 그러면 부하들은 아무도 흔들리지 않는다. 100%의 결과는 내지 못해도 기본적인 숫자를 확보하고 있으면 언젠가는 재기의 기회가 찾아온다. 어려울 때일수록 움직이지 않는 것이 원칙이다. 일발역전을 노리기보다 한점 한점 힘을 쌓아 올라가는 것이 초라하고 힘들어도 정말로 필요한 작업이다.

언제나 도전을 반복하라

그렇다고 결과가 나오기까지 아무 것도 안 하고 기다리라는 이야기는 절대 아니다. 결과가 나오지 않는 원인을 추적하여 문제점을 하나하나 해결해야 한다. 가장 먼저 체크해야 하는 것은 자기 자신이 좁은 그릇에 갇히지 않았나 하는 점이다. 상사가 내리는 판단에 소신이 없으면 부하가 아무리 열심히 노력해도 좋은 결과가 나오지 않는다. 목표 달성이란 먼 꿈에 불과하다.

순조롭게 업적이 신장되고 있을 때라면 누구나 일에 대하여 고민하지 않는다. 그런데 무엇을 해도 생각대로 이루어지지 않는다면 둔제는 심각해진다. 그렇게 되면 부하를 심하게 꾸짖어 보거나 지금까지의 체계를 처음부터 다시 보거나 하여 어떻게든 움직이지 않으면 불안해진다.

업계의 친목회에서 주워들은 아이디어도, 선배가 추천하는 비즈니스서에 소개된 힌트도 회의에서 건의하여 즉각 부하에게 지시하고 실행시켜 본다. 체면 불고하고 경쟁사의 매뉴얼도 흉내 내 본다. 그래도 결과는 나오지 않는다. 그런 것을 반복하고 있으면 자기가 어디에 있는지조차 모르게 된다.

역설적인 이야기지만 어떻게든 좋은 결과를 내고 싶을 때일수록 결과에 신경 써서는 안 된다. 숫자에 얽매일수록 사소한 방법론에 의존하게 되어 큰 양상을 파악하는 눈이 탁해진다. 자기의 입장을 지키는 것에만 신경을 써서 실패를 만회하고자 무리에 무리를 거듭하거나 자기에 대한 평가만을 지나치게 신경을 써서는 안 된다.

뒤엉킨 실을 풀 듯이 꼬여 있는 속성을 제거하고 발가벗은 자신으로 돌아올 필요가 있다. 실적, 경험, 업적 등 짊어지고 있는 짐을 일단 벗어 버리고 등을 꼿꼿이 세워 본다. 아무래도 좋은 결과를 낼 수 없다면 신입사원부터 다시 시작하면 된다. 그런 각오를 할 수 있는지가 문제다.

원점으로 돌아가는 것이 어려운 것은 신입사원 시절을 생각해 내지 않고 신입사원과 같은 상황으로 자기를 몰아가기 때문이다. 급여 봉투의 두께나 세상의 평판, 경쟁사에 대한 투쟁심 등 방해 요소는 얼마든지 있다. 긴 세월을 지나서 겨우 손에 넣은 직위를 그리 쉽게 놓칠 수는 없다.

그래도 절벽에서 뛰어내릴 각오로 모든 것을 버리고 도전하는 마음자세를 가질 필요가 있다. 주어진 일을 완수하는 것만을 생각하여 보답을 전혀 바라지 않는 것이 중요하다. 자기를 버리고 일을 하면 어떤 상황에서도 해결의 실마리가 보인다.

광야에서 코끼리에게 쫓기는 나그네는 칡덩굴을 잡고 밑에 독사가 우글거리는 우물 속으로라도 기어 내려가다가 쥐들이 칡덩굴을 갉아 먹고 있는 줄도 모르고 덩굴 옆의 벌집에서 떨어지는 물방울에 넋을 잃고 있다는 불교 우화는 무한한 교훈을 준다.

상사라는 입장에서 일을 하려면 언제나 최악의 결과를 예상해 두어야 한다. 그럴 때도 다시 인생을 시작할 정도의 에너지가 없으면 사람을 움직일 수 없다. 자기의 몸을 사리기 시작하면 점점 더 그릇은 작아지고 이제껏 쌓아 온 경험도 아무런 소용이 없게 된다.

8. 프로 세계의 냉엄함을 실감하라

■ 샐러리맨은 편안한 직종이 아니다

창업한 회사가 실적을 쌓아 세상에서 인정받으면 그리 고생을 하지 않아도 돈이 들어오게 된다. 사원 한 사람 한 사람의 피가 맺힌 세월의 보답으로 회사에 대한 신용이 겨우 높아진 것이지만, 그 때 입사한 신입사원의 눈에는 회사가 그저 오래 전부터 안정되어 있었던 것처럼 생각된다.

오너의 이야기를 들어 보아도, 경영자의 자서전을 읽어 보아도 돈을 버는 진정한 엄격함을 모른다. 금융기관에서 차입금을 도입할 때도 자택에서 유가증권까지 담보로 해서 사업에 실패하면 아무 것도 남지 않게 된다는 것을 머리 속으로는 이해를 해도 실감이 나지 않는 남의 일만 같다.

입사하여 급여를 늦게 받은 경험도 없고 일요일이나 공휴일에 일한 적도 없이 생활하는 샐러리맨에게 자금융통의 엄격함을 알라고 말하는 것 자체가 무리다. 중소기업의 경리를 맡아도 회사를 죽이느냐 살리느냐의 극한 상황에서의 결단은 언제나 경영자의 지시에 따를 뿐이다. 여차하면 다른 일을 찾아 나서면 된다.

샐러리맨에게 있어서 회사는 선택한 곳에 불과하다. 매월 월급을 잘 주는 곳이라면 척척 회사를 옮길 수도 있다. 그런데 경영자에게 있어서 회사는 인생의 목적 그 자체다. 아무리 힘들어도 버릴 수 없다. 회사의 위기를 넘기기 위해서 근속 연수가 긴 사원을 잘라 버리는 것이 훨씬 편하다고 생각한다.

입장이 다르다고 하면 그뿐이지만, 자기의 목을 자르느냐 아니냐를 결정하는 것은 회사와 운명을 같이하고 있는 경영자라는 사실을 마음속 깊이 새겨 두어야 할 필요가 있다. 주택융자금이 남아 있어도, 아이들의 진학이 다가와도 그런 개인적인 사정은 일체 염두에도 두지 않는다. 아무리 울상을 해도 들어줄 리 없다.

■ 돈을 번다는 것은 쉬운 일이 아니다

누구나 입사해서 몇 년이 지나면 아주 오래 전부터 샐러리맨을 하고 있는 듯한 생각이 든다. 회사의 인간관계에도 아주 익숙해져 술자리에서 서로 박봉을 위로하곤 한다. "지독하게 일하고 쥐꼬리만한 월급이라니…"라는 한탄을 많이 듣는다.

그런 사람도 경험을 쌓으면 직위가 붙기 때문에 무섭다. 회사에서 급여를 받는 것뿐만 아니라 유급휴가를 잘 챙기는 것도, 후생시설이나 보건소를 잘 활용하는 것도 샐러리맨의 당연한 권리라고 생각한다.

그러나 거기에 부합하는 만큼 자신이 일하고 있는지 없는지 단한 번도 생각해 본 적이 없다. 과장의 직위가 붙어 있으면 단지그것만으로 과장의 급여가 보장되고, 부장 자리에 앉아 있으면장래까지 약속된 것으로 멋대로 생각하게 된다. 정해진 서류에도장이나 찍고 부하의 등이나 두드려 주고 회의나 참석하면 된다고 생각한다. 그 정도의 일을 하고 임금이 적다고 불평 불만을 입에 담아서는 안 된다.

회사의 매출이 순조로울 때라면 그래도 무사히 정년을 맞이할수 있었다. 상사로서는 다소 역부족이라도 회사가 힘이 있으면어떻게든 유지할 수 있었다. 그런데 회사가 벽에 부딪치게 되면개인의 능력이 하나하나 문제가 된다. 인건비에 걸린 코스트에부합하는 이익을 얻을 수 있는지 없는지를 체크당한다.

직위가 높아질수록, 급여가 많아질수록 요구수준은 엄격해진다.회사에 몇 년을 근무하고 있어도, 과거에 얼마만큼 공헌을 했어도 회사 측에서는 이미 지나간 이야기로 생각한다. 이제부터 코스트를 거는 것만큼 확실히 이익을 회수할 수 있는지 없는지의판단을 추궁하게 된다. '그 동안 내가 회사에 얼마나 열심히 근무하였는데…' 하면서 인정에 기대서는 살아 남을 수 없다.

프로 스포츠 세계라면 과거에 아무리 뛰어난 실적을 올린 선수라도 지금 활약하지 못하게 되면 조용히 선수생활의 막을 내린다. 삼관왕을 독점한 프로 야구 선수라도, 몇 번 우승을 해본 프로

골퍼라도 그 누구도 예외가 될 수 없다. 이렇게 볼 때 샐러리맨도 회사의 이익을 내지 못하게 되면 은퇴의 권고를 받아도 할 수 없는 것이다.

그것이 싫으면 자기의 입장에 맞는 일을 하는 것이다. 직위가 높아질수록 경영자의 심경에 근접해 가는 것이 중요하다. 공사의 구별을 확실히 하여 일을 한다고 생각해도 회사의 이익을 올리지 못하면 샐러리맨으로서는 실격이다. 좋은 결과가 나오지 않으면 주말에라도 일을 해서 변상해 나갈 자세가 필요한 것이다.

단, 시간을 때우는 식으로는 단 1원도 벌 수 없다. 지혜를 짜 내어 땀을 흘려 몸을 가루로 만들더라도 결과를 이끌어 내야 한다. 회사에서 필요로 하는 인재가 되지 않으면 자신이 일하는 장소가 없어진다. 아무리 샐러리맨의 권리를 주장해도 감원을 당하면 그것으로 이야기는 끝난다.

9. 삼 년 후의 비전을 그려 보자

■ 어떤 사람이 되고 싶은가

긴 마라톤 경주의 중간에는 여러 가지 사고위험이 있다. 페이스 조절을 잘못해서 갑자기 경련이 일어나거나 강렬하게 내리쬐는 여름 햇빛으로 인해 의식을 잃는 등 예측할 수 없는 리스크와 싸우면서 달려 나가지 않으면 골인 지점에 도달할 수 없다. 도중에 누군가에게 도움을 청하는 순간 기권해야 한다. 상황이 가혹하면 할수록 완주할 수 있는 러너는 제한되어 있다. 자신이 노리는 목표를 잘 파악하여 주위의 잡음에 흔들리지 않는 사람만이 다양한 압력을 이겨 내고 자기의 가슴으로 골인 지점의 테이프를 끊을 수 있다. 수시간 후의 자신의 비전을 선명하게 그려 낼 수 있는 사람만이 은퇴의 유혹을 극복할 수 있는 것이다.

샐러리맨도 마찬가지로 달리고 있다. 회사를 둘러싼 상황이 어떻게 달라지건 상관없이 자신의 모든 것을 최후까지 자기 혼자 짊어지고 달리고 있다. 어떤 사정에 의해 회사가 쓰러져도 누군가에게 책임을 전가해서 끝날 문제가 아니다. 좌천이나 강등의 순간에 누군가를 원망해도 소용없다.

자기 인생의 레이스를 달리기 시작했으면 무슨 일이 일어나도 자기 자신이 이끌어 나갈 수밖에 없다. 아무도 도와 주지 않는다. 주위에서 아무리 질투를 해도 자기 발로 한 발자국씩 나아가지 않으면 언제까지나 골인 지점에 도달할 수 없다.

우리는 이런 경험을 평상시 샐러리맨들이 즐겨 하는 등산에서 잘 경험할 수 있다. 땀을 흘리면서 자기 발로 자기 힘으로 걸어 올라가지 않고는 목표 지점에 도달할 수 없는 것이다. 아무도 대신해 줄 수 없다. 이렇게 하여 정상에 올라가 본 자만이 자기 노력의 희열을 맛볼 수 있는 것이다.

그 때 가장 중요한 것은 어디를 목표로 생각하느냐 하는 것이다. 회사의 직책이나 연봉액이 아니라, 어떤 사람이 되어서 어떤 일을 하고 싶은지에 대한 명확한 비전을 그리는 것이다. 이러한 목표가 없다면 작은 역경에도 무너지고 만다. 금세 꼬리를 감추고 편안한 장소로 도망 가고 싶어진다.

■■ 할 수 있는 범위 내에서 전략을 세우자

샐러리맨의 인생은 자기 혼자서는 수립되지 않는다. 더구나 직위가 생기면 가로·세로·대각선의 인간관계 속에서 자유롭게 움직이는 것조차 허락되지 않는다. 주위의 기대에 부응하지 않으면 계속 달릴 수도 없게 된다. 자기가 생각한 비전을 현실 속에서 구체화할 필요가 있다.

세 시간의 자기 기록을 가지고 있는 마라톤 선수가 세계기록을 목표로 출발해도 중간에 지쳐 쓰러지게 될 것이다. 자신의 능력이나 놓인 위치도 생각하지 않은 채 이루지 못할 이상을 꿈꾸는 것은 어리석다. 우선 손에 닿는 거리를 목표에 두고 하나하나 해결해 나가는 것이 중요하다.

이를 위해서는 매일의 일을 착실히 검토해서 장점과 단점을 잘 살펴볼 필요가 있다. 장점을 살리는 것은 기분도 좋고 좋은 결과도 나기 쉽기 때문에 조금 욕심을 내도 문제는 없다. 적극적으로 자기의 능력을 닦아 높은 레벨로 계속해서 도전해야 한다. 아무리 실패해도 다시 일어날 수 있다. 의욕적일수록 일의 전모를 더욱더 잘 포착하게 된다.

무엇보다도 위험한 것은 단점을 고치는 과정에 있다. 자기 스스로도 이미 알고 있는 단점을 다른 사람이 손가락질하면 의기소침해진다. 괜한 억지를 부려 무리하게 자신의 의견을 고집하게 된다. 상대가 부하인 경우에는 더욱더 단점을 고치려고 하지 않으려는 상사도 있다. 마음에 안 들면 네가 그만두라는 식이다.

그런가 하면 이것도 저것도 단점이라고 생각해서 자신의 스타일을 흐트러뜨리는 사람도 있다. 완벽한 상사가 되는 것을 꿈꾸는 나머지 단점만이 눈에 띄어 장점을 없애 버리는 것이다. 주위의 스문이 신경 쓰여서 잠 못 이루는 밤이 이어지기도 한다. 조금 잘못하면 자기를 잃어 버리는 경우도 있다.

무엇이 단점이고 무엇이 장점인지는 종이의 표리와도 같은 것으로서 당사자는 모르는 경우도 많다. 너무 세심한 것으로 고민하는 것보다는 일에 플러스가 되면 장점, 일에 마이너스가 되면 단점으로 대담하게 구별해 버리는 것이 좋다. 단점을 고친다기보다는 문제점을 해결한다고 생각하면 냉정하고 객관적인 태도를 취할 수 있다. 그러면 장점을 없애는 일도 없다.

회사의 목적이 효율적으로 이익을 올리는 것일 때 이러한 결과를 내면 매일의 일은 즐거워진다. 요컨대 일을 재미없게 하는 원인을 없애 나감으로써 회사 전체에 활력이 생기도록 하는 것이다. 눈앞의 이익에만 마음을 빼앗기지 말고 긴 안목으로 목표를 실천해 나가야 할 것이다. 이를 위해서는 가능한 일부터 차근차근 해 나가는 수밖에 없다.

자기가 목표하는 방향을 확인하고 3년 정도는 계획을 세워 자신의 비전과 현실의 갭을 하나씩 메워 나가는 것이 중요하다. 자기 자신의 일에 대한 가치관을 명확하게 하여 부하들 앞에서 3년 후의 비전을 구체적으로 제시하게 되면 한 사람 한 사람이 무엇을 하면 되는지도 명확히 자각하게 된다. 상사의 깃발이 선명하면 부하의 방황도 없어진다.

10. 자신을 어디까지 믿을 수 있는가 

■ 진심으로 대하는 것만이 보답으로 연결된다

샐러리맨에게 직위가 생긴다는 것은 자기 이외의 인간관계의 책임을 최종적으로 지게 된다는 것을 의미한다. 부하에 대한 지시명령권을 부여받고 직위가 무거워질수록 자유재량의 능력이 커지지만, 잘못하면 다른 사람의 인생을 엉망으로 만들 수도 있다. 그 점을 강하게 자각할 필요가 있다.

많은 경쟁자를 제치고 회사에서 직위를 부여받아도 자기의 업무 스타일을 바꾸려고 하지 않는 사람이 있다. 자기가 담당하는 일에서는 실적을 내지만 부하가 뭘 하든지 관심도 없다. 자기의 경험과 실적이 평가를 받아 그 보답으로 직위가 생긴 것으로 자기의 역할을 크게 착각하고 있다.

아무리 일을 잘해도 샐러리맨이 혼자서 할 수 있는 일은 애당초 존재하지 않는다. 사내에서 넘버 원의 매출을 올리는 영업 사원이라도 다섯 명의 부하가 뭉치면 상대가 되지 않는다. 언제까지나 제일선에서 활약하고 싶은 마음은 알지만 젊은 기력은 그리 오래 지속되는 것이 아니다. 그 점을 잘 명심해야 할 것이다.

과장이 되면 과장 나름대로, 부장이 되면 또 그 나름대로 입장에 맞는 일을 하지 않으면 멀지 않아 그 생명은 끝난다. 축적해 온 경험과 실적을 살려 혼자서도 많은 인재를 키워 나가지 않으면 아무도 상대하지 않는다. 무대 중앙에서 스포트라이트를 받고 싶은 마음을 억누르고 일을 진행시킬 자세가 필요하다.

한 사람 한 사람의 부하의 성장을 보며 회사의 업적이 신장되는 것을 기뻐하면서 커뮤니케이션을 소중히 할 마음이 있으면 상사라는 일의 훌륭함을 알게 된다. 회사를 상대할 때도, 부하를 상대할 때도 기본적인 자세를 바꾸지 말고 진심으로 대하는 것을 보람으로 여기고 마음속 깊이에서부터 느끼는 것이 진정한 샐러리맨이다.

자신의 개성을 긍정적으로 바라보자

상사로서의 책임을 지고 일에 정면으로 부딪쳐도 이것저것 판단이 흐려진다. 열심히 부하를 격려했다고 생각했는데, 어느 날 갑자기 부하가 사표를 제출하거나 하면 자신의 리더십에 자신이 없어진다. 부하의 성장을 바라는 상사일수록 깊은 고민에 빠지는 것은 당연하다.

당사자를 따로 불러서 그만두는 이유를 물어 보아도 진심을 들을 수 있는 가능성은 거의 없다. 설득력 없는 사정설명을 듣고

"그 동안 감사합니다"라는 인사를 받으면 그 이상으로 만류할 기운도 없어진다.

그 충격으로 부하를 제대로 꾸짖을 수도 없게 되어 매뉴얼만을 의지하게 되면 그 때부터 상사로서의 가능성은 틀에 박히게 된다. 부하를 술자리에 초대하는 것도 꺼려지고 틀에 박힌 이론에만 묶이게 되면 직장의 분위기도 숨막히게 된다. 상사를 존경하던 부하들도 점차 외면하게 된다.

부하가 그만두는 것뿐만 아니라 업무상에서의 판단 미스나 실수는 아무리 지위가 높아져도 없어지지 않는다. 하나하나 잘 분석하는 것도 중요하지만 그것만으로 지금까지의 방식을 전부 부정해서도 안 된다. 너무 신경질적으로 되면 나무를 보고 숲을 보지 못하는 꼴이 된다. 자라 보고 놀란 가슴 솥뚜껑 보고 놀라게 된다.

샐러리맨이 직위를 부여받았다고 하는 것은 상사로서 리더십을 발휘할 수 있다고 회사가 그 가능성을 인정해 주었기 때문이다. 눈에 띄게 잘못된 판단을 하면 직속상사로부터 부름을 받고 질책을 받게 된다. 이제까지 그런 일이 없었다면 주위에서 지지받고 있다고 생각하면 된다. 기본 라인은 옳다는 것이다.

인간이 하는 일에 완벽이란 있을 수 없다. 자신의 실수에 너무 집착한다는 것은 각도를 바꾸어 보면 매우 방만하다는 것이 된다. 부하의 마음을 꽉 잡고 있다고 생각했기 때문에 부하가 사표를 제출하면 배신당했다고 생각하는 것이다. 부하가 마음의 문을 열었다고 해서 모든 것을 보이는 것은 아니다.

상사로서의 벽에 부딪쳤을 때는 여러 가지 의견에 귀를 기울이는 것도 중요하지만 가장 중요한 것은 자기 자신을 믿는 것이다. 다른 사람이라면 더 잘했을지는 모르지만 벽앞에 있으면 누구나 마찬가지인 것이다. 옳은가 그른가는 별도로 자기 나름대로의 방식으로 벽을 넘어야 한다. 그 외에 무엇을 할 수 있겠는가.

사리사욕을 버리고 회사 전체를 살리는 길을 갈 것이라면 자기의 개성을 연마하는 것에 더 적극적이면 된다.

그 결과 여러 가지 개성이 모여서 다양한 가능성이 생기면 회사의 기반은 흔들리지 않는다. 모두 다 완벽하다고 생각하지 말고 언제까지나 성장하고자 하는 마음을 더욱 중요시하는 것이 상사로서 또는 인간으로서 가장 중요한 요건이다.

더욱 중요한 것은 어떠한 어려운 상황에서도 용기를 잃지 않는 것이다. 그런 사람에게 기회가 기다리고 있으니까!

《맹자(孟子)》는 중국 전국시대의 성현인 맹자(孟子 : B.C. 372~B.C. 289)의 저서다.

맹자는 공자(孔子)의 인(仁) 사상을 계승하여 인의(仁義)를 기본으로 하는 왕도정치(王道政治)를 실현하려고 천하를 주유한 일이 있다. 그러나 전국시대의 어지러운 사회에서는 맹자의 이상론의 참뜻을 받아들이는 제후(諸侯)가 한 사람도 없었으므로 그는 후진 교육에 일생을 바쳤다.

맹자가 양나라 혜왕(惠王)을 찾아갔을 때 나눈 이야기다. 전쟁을 좋아하는 혜왕은 맹자의 이야기를 흥미 있게 듣는다.

"오십보 도망 간 자가 백보 도망 간 자를 비웃는다면 왕은 이를 어떻게 생각하시겠습니까?"

지금까지 신이 나서 듣고 있던 혜왕은 갑자기 어리둥절해진다. 오십보나 백보나 도망 간 것은 마찬가지 아닌가? 다 같은 겁쟁이요, 다 같은 불의(不義)다. 나라와 백성을 지켜야 할 최전선에서 목숨이 두려워 도망 갔다는 것은 전사로서 도리가 아니다. 그런데 자기보다 좀더 멀리 도망 갔다고 비웃거나 나무란다면 이는 난센스다. 인의의 왕도정치를 제대로 베풀지 못한 것은 혜왕이나 이웃나라나 마찬가지가 아닌가?

맹자의 이 은유적인 표현에는 높은 차원의 병법이 깃들어 있으며, 이 유명한 대화로 인하여 맹자는 능변가로서 후세에 이름이 남게 되었다.

그의 저서인 《맹자(孟子)》의 '고자(告子)' 편에는 다음과 같은 내용이 있다.

"완숙하거나 성공하기를 바란다면 모름지기 오랜 시련을 겪어야 한다. … 하늘이 장차 큰일을 맡기려 할 때는 먼저 그의 마음을 괴롭게 하고 그의 육체를 고달프게 하며 굶주리게 하고, 하는 일마다 어긋나게 함으로써 그의 마음을 분발시키고 타고난 성정(性情)을 강인하게 만들며 그의 부족한 점을 일깨워 보강시켜 주는 것이다."

류사키 시로〔龍崎史郎〕

1950년 사이타마〔埼玉〕현에서 출생하였으며, 출판사의 편집장·
영업부장 등을 역임하였다.
HRS(Human Relation System)를 운영하면서 직장의 새로운 인간
관계, 비즈니스 리더로서의 자세, 라이프 스타일 등을 연구하였다.
또한 이 분야의 권위자로서 기업조직에 대한 분석에서는 일본 내
에서 정평이 나 있다.

• 주요 저서
《비즈니스맨을 위한 명저 읽기》(오에스 출판사),
《30대의 생활태도로 인생이 판가름 난다》(TIS) 등.

윤 식(尹 埴)

서울대학교 문리과대학 정치학과(정치학 석사),
서울대학교 대학원 경제학과(경제학 석사) 졸업.
University of Hawaii 대학원 경제학과(경제학 석사) 수료.
South Baylo University 경제학 석사.
국민대학교 경제학과 교수, 국제경제연구원 수석 연구원.
제10대 국회의원 역임.
現 산업연구원 선임연구위원 재임중.

• 주요 저서
《産業支援 關稅政策》(汎文社, 1983),
《美國의 通商政策 決定要因》(共著)(產業研究院, 1993),
《競爭力 研究》(產業研究院, 1995).

30代여 자기답게 살아가라

原題 : 30代は自分らしく生きてみろ

ⓒ 龍崎史郎, 1996

1997년 5월 15일 초판 발행
지은이   류사키 시로〔龍崎史郎〕 / 옮긴이   윤 식(尹 埴)
펴낸이   허 만 일 / 펴낸곳   화산문화
등 록   1994년 12월 19일 제2-1880호
주 소   서울시 성동구 마장동 791-1 동화빌딩 901호
전 화   299-2466~8 / 팩 스   299-2469
인 쇄   삼영칼라

ISBN   89-86277-16-6 03320   값 6,000원

フォレスト出版株式會社와의 계약에 의하여
Translation Copyright ⓒ 화산문화, 1997